편견과 이해를 넘어서
超越偏见与理解

이 선 미 산문·시문집
李善美 散文·诗文集

시와
사람

이선미 산문·시문집

편견과 이해를 넘어서

2025년 7월 30일 1쇄
2025년 8월 10일 2쇄

지은이 | 이 선 미
펴낸이 | 강 경 호
발행처 | 도서출판 시와사람
등 록 | 1994년 6월 10일 제 05-01-0155호
주 소 | 광주시 동구 양림로119번길 21-1(학동)
전 화 | (062)224-5319
E-mail | jcapoet@hanmail.net

ISBN 978-89-5665-782-0 03810

값 15,000원

· 잘못된 책은 구입하신 서점에서 바꾸어 드립니다.

ⓒ 이선미, 2025
이 책의 저작권은 저자에게 있습니다.
저작권에 의해 보호를 받는 저작물이므로
저자의 허락 없이 무단 전재와 복제를 금합니다.

편견과 이해를 넘어서
超越偏见与理解

■책을 펴내며

    열세 번째 저서이다. 그 동안 시집, 에세이집, 동화집, 청소년 소설집, 디카시집 등 여러 장르의 작품집을 펴낸 후 발간한 문집이다.
    이번에는 에세이와 시를 함께 실어 최근 나의 삶의 모습을 담았다.
    지난 해 중국에 공부하러 와 체험하면서 느낀 바가 많아 몇 편의 에세이를 쓰게 되었다. 낯선 곳에서의 삶은 도전이며 꿈을 키워줄 것이라고 믿는다.
    나의 글이 나의 삶과 지향하는 정신세계를 보여준다는 측면에서 이 책을 펴내는 마음이 조심스럽고 부끄럽다.
    그러나 글은 바른 삶을 지향하고자 하는 나의 마음을 그대로 보여주기 때문에 보다 진중한 태도가 깃들 것이라고 생각한다.

2025년 7월
중국 우시에서 저자 李善美

■出版前言

    这是我的第十三部著作。继诗集、散文集、童话集、青少年小说集、微诗集等多种体裁的作品之后，又推出了这本文集。

    这一次，我将散文与诗编在同一册中，记录了我近期的生活轨迹。

    去年，我来到中国深造，所见所感甚多，于是写下了几篇散文。我相信，身处陌生之地既是挑战，也能孕育梦想。

    我的文字折射着我的人生与精神追求，因此在付梓之际，我既谨慎又惶恐。

    然而，文字真实呈现了我对正直生活的向往，也因此，我相信它们会使我保持更为诚挚严肃的态度。

2025年 7月

中国无锡 作者 李善美

목차 目录

■ 책을 펴내면서 出版前言 _ 4

제1부 행복한 중국 유학 생활
第一部 快乐的中国留学生活

행복한 중국 유학 생활기 _ 12
幸福的中国留学生活 _ 16
강남대학 어학연수 _ 19
江南大学语言研修 _ 30
제주도에서 꿈꾸기 _ 35
在济州岛上追梦 _ 39
편견과 이해를 넘어가는 여정 _ 42
超越偏见与理解的旅程 _ 45
국제평화병원장과 함께 _ 47
与国际和平医院院长的会面 _ 49
마리아의 손편지 _ 51
玛利亚的亲笔信 _ 55

온주(溫州)에서 _ 58

在温州 _ 62

우시 - 살아 숨 쉬는 도시 _ 65

无锡 — 一个有生命的城市 _ 72

상하이 푸동 _ 76

上海浦东——城市的未来正在发生 _ 83

인간의 품격 _ 88

人的品格 _ 91

작은고모 생각 _ 93

想念小姑姑 _ 97

사랑하는 아들에게 _ 100

亲爱的儿子 _ 104

2부 설을 맞는 마음
第二部 快乐的中国留学生活

자랑스러운 내 조국 - 대한민국 _ 108

自豪的祖国 - 大韩民国 _ 112

설을 맞는 마음 _ 116

迎接春节的心情 _ 120

새로운 시간, 새로운 마음 _ 123

新的时间, 新的心境 _ 127

고통은 향기로운 힘이다 _ 130

痛苦, 是一种芬芳的力量 _ 134

아름다운 섬나라, 제주도 _ 137

美丽的海岛国家——济州岛 _ 142

가족 _ 146

家人 _ 150

생명의 등가 _ 153

生命的等价 _ 157

나와 영화감독 _ 160

我与电影导演 _ 163

제3부 아버지, 거기 계셨군요
第三部 父亲，您原来一直在那里

아버지, 거기 계셨군요　父親，您原來一直在那裡 _ 168

봄, 불문사에서　春日，在不聞寺 _ 172

저 아득한 풍경　那遙遠的風景 _ 176

풀을 뜯으며　拔草時 _ 178

이제 아버지의 뒤가 보인다　如今看見了父親的背影 _ 180

이름　名字 _ 182

서귀포에서　在西歸浦 _ 186

유모차　嬰兒車 _ 188

풀　草 _ 190

노래　歌唱 _ 192

제4부 사람이 내는 길
第四部 人开辟的道路

사람이 내는 길 人開出的路 _ 198

틈 縫隙 _ 200

목련꽃 잔해를 빗질하며 梳理木蘭花的殘骸時 _ 202

마음의 집 心之屋 _ 204

아버지의 술잔 父親的酒盞 _ 206

봄 春天 _ 210

언니들 姐姐們 _ 214

한라산 漢拏山 _ 218

사라지는 것이 아니라 찢어지는 것 不是消失，而是被撕裂 _ 220

기러기 雁 _ 222

광야에서 在曠野中 _ 224

희경루(喜慶樓)에서 在喜慶樓上 _ 226

제1부

행복한 중국 유학 생활
快乐的中国留学生活

행복한 중국 유학 생활기

　지리적으로 중국은 우리나라와 이웃해 있기 때문에 역사적으로 떼려야 뗄 수 없는 관계를 갖지 않을 수 없었다. 때로는 불편한 관계로 때로는 우호적인 관계를 유지해왔다. 문화적으로도 다른 점도 많지만 유사한 점도 많이 있다. 그런 까닭이어서일까? 나는 어린시절부터 낯선 나라가 아니라 매우 친근한 나라로 인식해왔다. 우리나라에서도 사용하고 있는 문자인 한자는 세계 공통어라고 할 수 있는 영어보다도 가까운 느낌이다.

　특히 오늘날 한국과 중국은 경제적으로나 문화적으로도 교류가 많아져 양국간에 유학생들이 어느 나라보다 많아졌다. 나 역시 중국어를 배우고 싶다는 생각이 간절했다. 유창하게 중국어를 구사해 중국인들과 친선 우정을 도모하고 서로의 이익을 위해 일해보고 싶은 오래된 소망을 이루기 위해 비교적 많은 나이임에도 불구하고 늦기 전에 중국유학을 결행하였다.

　다행히 강남대학에 와서 공부할 수 있는 기회가 주어진 것은 나에게 행운이었다. 나는 이 기회를 살리기 위해 열심히 공부했다. 같은 반 학우들에게 뒤처지지 않으려고 매시간 공부했다.
　중국어를 더욱 잘하기 위해서는 물론 중국어 수업도 잘 받아야겠지만 중국문화를 잘 알고 이해해야 했다. 그래서 나는 중국에 대한 모든 것을 다 알아야겠다는 생각으로 최선을 다하고 있다.
　학교에서 생활을 토대로 한 글을 모집하였는데, 나는 그 대회에 참가해 중국에서의 나의 생활을 글로 써서 응모하였다. 진솔하면서도 창의적인 글을 써서 10명 안에 들어가 장학금을 받기도 하였다.

500위안의 금액이라 많은 것은 아니지만 다른 나라에서 상을 받는다는 것 자체가 뜻깊어 가슴이 설레고 심장이 뛰었다. 나는 너무나도 기쁜 마음에 이 돈을 어려운 친구에게 기증하고 싶었다. 그런데 행정실 선생님께서 "너도 이곳에 와서 고생하니 네가 잘 쓰도록 해"라고 말씀하셔서 그 돈을 한국에 있는 나의 아들과 고모에게 드렸다.

지난 학기에는 무석박물원과 설복성 생가의 문화행사에 참여해 많은 것을 얻었다. 무석(無錫)은 중국 강소성(江蘇省)에 있는 중국 10대 경제활력 도시 중의 하나로 중국 민족 공업 발상지이며 선진적인 국제제조업 기지이다. 이곳에는 유명한 석혜공원이 있고, 중국에서 가장 큰 청동불상이 있는 문화·관광 교육도시로 유명하다. 이곳에 있는 설복성 생가를 방문한 것은 의미있는 일이었다. 그는 근대 외교가이자 산문가이다. 양무운동의 주요 지도자로 국가 주도의 근대화정책인 양무운동을 통해 19세기 서양 문물을 수용해 부국강병을 이루고자 한 운동가이다.

설복성 생가에서 예쁜 화환을 수놓는 것을 배우고, 무석박물관에서는 왕관 만드는 방법을 배워 중국문화를 이해하는데 도움이 되었다. 마지막 날 수업시간에 내 손으로 완성한 작품을 착용하게 되어 뿌듯하고 흐뭇했다.

공부하는 과정에서 나는 중국문화의 박대 정심함을 온몸으로 체

험할 수 있었다. 한편으로는 중국의 우수한 문화유산에 충격을 느꼈다. 이렇듯 중국 문화에 대한 이해로 인해 중국어를 보다 깊이 배울 수 있다는 것을 알게 되었다. 이번 학기에는 기점반 학우들과 서로 도우며 중국어를 배우는 길을 꾸준히 나아갔다.

幸福的中国留学生活

　　从地理位置上看，中国与韩国比邻而居，在历史上一直有着密不可分的关系。有时关系紧张，有时关系友好。两国的文化虽然存在差异，但也有很多相似之处。或许正因为如此，从小我就觉得中国并非陌生的国家，而是一个非常亲切的国家。韩国也使用的汉字文字，对我来说甚至比被视为全球通用语言的英语更为亲切。

　　特别是如今韩国和中国之间的经济与文化交流日益频繁，两国间的留学生数量比其他国家都多。我也一直非常渴望学习中文。能够流利地使用中文，与中国朋友建立深厚的友谊，共同努力，实现互惠互利，这是我长久以来的梦想。尽管年龄已经不小，但为了实现这个梦想，我毅然决定到中国留学，抓住最后的机会。

　　有幸能够来到江南大学学习对我来说是巨大的幸运。为了充分利用这个宝贵的机会，我一直努力学习，每节课都不愿落后于班上的同学。

　　想要更好地掌握中文，除了认真上中文课之外，还必须深入了解和理解中国文化。因此，我下定决心要尽可能地了解中国的一切，

付出了最大的努力。

学校曾举办了一次以校园生活为主题的征文比赛，我也积极参加，提交了自己在中国的生活经历。我写的文章既真实又富有创意，幸运地进入了前十名，并获得了奖学金。虽然金额只有500元人民币，并不算多，但能够在异国他乡获得奖项，对我而言意义非凡，我感到兴奋不已。本想把这笔钱捐给经济困难的朋友，但行政办公室的老师告诉我："你在这里也很辛苦，还是留着自己用吧。"于是我便将这笔钱送给了韩国的儿子和姑妈。

上个学期，我参加了无锡博物院和薛福成故居的文化活动，收获颇丰。无锡是江苏省的城市之一，被列为中国十大经济活力城市之

一，也是中国民族工业的发源地，先进的国际制造业基地。这里有著名的锡惠公园，还有中国最大的青铜佛像，是闻名的文化、旅游和教育城市。参观薛福成故居非常有意义，他是近代著名的外交家和散文家，也是洋务运动的重要领导者之一。洋务运动是19世纪中国引进西方文化，实现富国强兵的国家主导的现代化运动。

在徐悲鸿故居学习绣制漂亮的花环，在无锡博物馆学习制作皇冠的方法，这有助于理解中国文化。最后一天上课时，戴上自己亲手完成的作品，感到自豪和满足。

通过学习，我深刻地感受到了中国文化的博大精深，并且对中国卓越的文化遗产感到震撼。这种对中国文化的深入理解，也让我意识到，可以更加深入地学习中文。这学期，我与基础班的同学们互相帮助，一起努力，不断前进在学习中文的道路上。

강남대학 어학연수

강남대학은 중국교육부 직속 대학이며, 국가 '211공정' 중점 건설학교 및 일류학과건설 대학에 속한다. 학교 설립 및 발전 역사는 1902년부터 시작되었으며, 삼강사범학당으로 인해 국립중앙대학, 남경대학 등의 발전시기를 거쳤다. 2001년 3개 관련 대학 합병 구성해서 강남대학을 만들었고, 2003년 동화대학 우시 캠퍼스도 강남대학으로 합병하였다. 1964년부터 국제학생 모집·양성 교육을 시작하였고, 교육부가 처음으로 중국에 유학생 모집 허가한 57개 대학 중 하나이며, 비교적으로 일찍 중국정부장학생을 받기 시작한 학교 중 하나이다. 학교에서는 우수한 유학생한테 중국정부장학금, 강소성정부장학금 등 여러 종류 장학금 지원하고 있다. 그리고 유학생한테 시설 완비한 국제유학생아파트 및 현대화된 학습 생활 공간을 제공해 주었다. 해마다 강소성 내 중국 유학생 교육 선진 집단 칭호를

받았다.

  강남대학은 교사와 학생을 최우선으로 하는 대학으로 현대화된 그리고 자연과 조화를 이루는 캠퍼스를 조성하여 학생들에게 선진적인 시설과 쾌적한 학습 환경을 제공하고 있다. 캠퍼스 대지는 3250묘, 건축면적은 107만 제곱미터, 도서관 장서 255만권, 한 명의 학생을 위해 평균 투자되는 연평균 연구비용 3만5400위안, '지혜로운 캠퍼스' 건설 완화되며 경기장, 체육관, 문호과학관, 대학생캠퍼인센터 등의 문체관과 16개의 학생아파트가 조성되어 있다.

  중국어 학생 모집과 어학연수 커리큘럼을 살펴보면 다음과 같다.

강남대학교 국제교육학원에서는 유학생에게 최고의 중국어 학습 환경을 제공하는데 경험이 풍부한 중국어 교사가 수업을 가르친다. 듣기, 말하기, 읽기, 쓰기 등 종합적인 방면에서 교육을 강화한다.

학생 중국어 수준에 따라 입문, 초급, 중급,고급의 4가지 단계로 나누어 인재에 의한 교육, 소반 수업을 실시한다.

내가 강남대학에 어학연수를 와서 중국어를 처음 접했을 때는 넘을 수 없는 높은 산 앞에 서 있는 것 같아 손댈 데가 없었다. 한자 하나하나가 알아볼 수 없는 돌처럼 보였고, 문법 규칙은 더욱 나를 부적당하게 했다. 중국어를 한 번도 접해 본 적이 없는 외국인에게 중국어를 배우는 것은 확실히 어려운 도전이다. 나는 여러 차례 수업 시간에 혼란을 느꼈고 심지어 포기할 생각까지 한 적이 있었다. 하지만 시간이 지남에 따라, 중국어는 단순한 소통의 도구가 아니라 풍부한 문화 세계로 통하는 문이라는 것을 알게 되었다. 그것은 박대하고 정심한 문화적 저력과 지혜가 담겨 있어 황홀하다.

나의 전환은 우연이 아니라 선생님들의 무소불위의 배려와 노고에서 비롯된 것이다. 내 학습 과정에서 선생님들은 매우

중요한 역할을 했다. 교실에서의 해설이든, 방과 후의 상담이든, 그들은 항상 싫증나지 않고, 참을성 있게 우리에게 모든 의혹에 대한 해답을 준다. 한 번은 선생님이 내 불안감을 알아채시고 방과 후 특별히 나를 불러주시며 "걱정하지 마세요. 모든 실패는 전진의 기회입니다. 당신이 버티면 반드시 진보를 보게 될 것입니다."라고 온화하게 말한 것을 기억한다. 그 순간 깊은 위로를 느꼈고 계속 공부할 수 있다는 자신감이 더욱 확고해졌다. 선생님들은 우리의 발전을 위해 수많은 낮과 밤을 희생했는데, 수업을 준비하든 숙제를 고치든 그들은 모두 게을리

하지 않았다. 그들의 비이기적인 헌신과 노고 덕분에 나는 중국어 학습의 길을 계속 나아갈 수 있었다.

이 캠퍼스에서 나는 혼자가 아니다. 우리는 세계 각지에서 서로 다른 문화적 배경에서 왔고 다른 언어를 구사하고 있음에도 불구하고, 중국어를 배운다는 공통의 목표를 가지고 있다. 처음에는 우리 사이의 의사소통이 도전으로 가득 차 있었고, 언어의 장벽은 우리가 직접 의사소통을 할 수 없게 만들었다. 그래서 위챗은 우리 간의 가장 중요한 소통 도구가 되었다. 위챗을 통해 우리는 글과 음성으로 교류하고 학습심득과 생활의 자질구레한 일들을 공유하면서 서로에 대한 이해를 점차 심화시켰다. 우리는 공부에 있어서 서로 돕고 생활에서 서로 관심을 가지며 점차 위챗은 단순한 도구가 아니라 우리끼리 소통하는 가교가 되었다. 타국에서 만나 친구가 될 수 있었던 것은 얼마나 흔치 않은 인연이었다. 이 인연에 부응하기 위해 우리 모두가 더 열심히 공부에 임하고, 두 배의 근면함으로 모든 배움의 도전에 임한다. 우리는 끈질긴 노력을 통해서만 이 소중한 우정을 더욱 견고하게 할 수 있고 학업에서 더 큰 발전을 이룰 수 있다는 것을 잘 알고 있다.

강남대학교, 이 아름다운 캠퍼스는 우리 개개인의 성장과 변화를 목격한다. 매일 이른 아침 동문에 들어서면 열심히 일하는 경비원 아저씨가 먼저 눈에 들어온다. 그는 오가는 인파를 빈틈없이 점검하며 캠퍼스의 안전을 지키고 있다. 그의 존재는 나를 든든하고 안심시켰다. 교문에서 교실로 이어지는 이 길에는 수많은 분주한 모습이 보였다. 이른 아침 캠퍼스를 청소하는 청소 아줌마들은 묵묵부답으로 우리에게 깔끔하고 쾌적한 학습 환경을 만들어준 하루 일과를 일찌감치 시작했다. 교습동에 들어갈 때마다 선생님들의 따뜻한 미소와 다정한 안부를 볼 수 있는데, '좋은 아침'이라는 소리는 언제나 나에게 훈류를 느끼게 한다. 가끔은 항상 그렇게 상냥하고 참을성 있게 내 질문에 답해주는 행정동에서 장 선생님을 만나기도 한다. 나를 향한 그의 관심과 도움은 내가 타국에서도 가족 같은 따뜻함을 찾을 수 있게 했다. 식당 앞 작은 마트에서 장을 볼 때마다 주인어머니가 반갑게 인사를 건네는 그녀의 웃음은 나를 친근하게 만들었다. 이 낯선 나라에서 강남대학의 한 사람 한 사람이 그렇게 친절했고, 그들의 배려와 따뜻함이 이곳에 조금씩 녹아들어 처음 왔을 때의 외로움을 없앴다.

　강남대학교에 있는 동안 중국어만 배운 것이 아니라 인간관계의 따뜻함과 문화의 다양성을 느낄 수 있었다. 선생님들의 사심 없는 헌신이든, 학우들의 상호적인 도움, 또는 캠퍼스의 그 따뜻한 모습들이 제 삶에서 잊을 수 없는 소중한 경험이었

다. 이 유학 생활은 노력의 중요성을 깨닫게 되었고 언어와 문화적 장벽을 뛰어넘은 성취감을 실감하게 했다. 앞으로의 공부와 삶에서 저에게 도움과 배려를 베풀어주셨던 분들께 보답하기 위해 계속 노력하고 발전시키겠다. 강남대학교, 온정이 넘치는 이 곳은 영원히 내 마음속에 중요한 자리를 차지할 것이다.

江南大学语言研修

　　江南大学是中国教育部直属高校，是国家"211工程"重点建设高校以及"双一流"学科建设高校。学校的创办与发展可以追溯到1902年，由三江师范学堂起步，历经国立中央大学、南京大学等发展阶段。2001年，三所相关高校合并组建为江南大学，2003年又将东华大学无锡校区并入江南大学。

　　自1964年起，江南大学开始招收并培养国际学生，是教育部首批批准招收外国留学生的57所高校之一，也是较早接受中国政府奖学金留学生的高校之一。学校为优秀的国际学生提供中国政府奖学金、江苏省政府奖学金等多种奖助支持，并为留学生提供设施齐全的国际学生公寓和现代化的学习生活空间。每年学校都被评为江苏省内国际学生教育先进集体。

　　江南大学始终坚持"以师生为本"的办学理念，建设现代化且与自然和谐共生的校园环境，为学生提供先进的设施和舒适的学习环境。校园占地3250亩，建筑面积107万平方米，图书馆藏书达255万册；人均年科研经费投入为3.54万元人民币。随着"智慧校园"建设的推进，校园内设有体育场、体育馆、文虎科学馆、大学生活动中心等文体设施，以及16栋学生公寓。

关于汉语学习招生和语言研修课程如下：

江南大学国际教育学院为留学生提供最优质的汉语学习环境，由经验丰富的汉语教师授课，在听、说、读、写等综合方面强化教学。根据学生汉语水平分为入门、初级、中级和高级四个等级，实行因材施教、小班授课的教学模式。

我在江南大学的语言研修生活. 当我刚来到江南大学开始语言研修，第一次接触汉语时，就像站在一座无法逾越的高山前，不知道从哪里开始着手。一个个汉字看起来像是无法辨认的石块，语法规则更让我觉得自己很不适合学习汉语。对一个从未接触过汉语的外国人来说，学习汉语确实是一项艰难的挑战。我曾在课堂上多次感到迷茫，甚至一度想要放弃。但随着时间的推移，我逐渐意识到，汉语不仅仅是沟通的工具，更是一扇通向丰富文化世界的大门。它蕴含着深厚而精致的文化底蕴和智慧，令人着迷。

我的转变并非偶然，而是源于老师们无微不至的关怀和辛勤

的付出。在我的学习过程中，老师们扮演着至关重要的角色。无论是在课堂上的讲解，还是课后的辅导，他们总是不厌其烦、耐心细致地为我们解答各种疑问。我记得有一次，老师察觉到我内心的不安，课后特别把我叫住，温柔地对我说："别担心，每一次失败都是前进的机会。只要你坚持下去，一定能看到自己的进步。"那一刻，我感受到深深的安慰，也更加坚定了继续学习的信心。老师们为了我们的成长牺牲了无数的日夜，无论是备课还是批改作业，他们从不懈怠。正是因为他们无私的奉献与努力，我才能在汉语学习的道路上不断前行。

在这个校园里，我并不孤单。我们是一群来自世界各地的留学生，虽来自不同的文化背景、说着不同的语言，但我们有一个共同的目标——学习汉语。起初，我们之间的交流充满挑战，语言的障碍让我们难以直接沟通。因此，微信成为我们之间最主要的沟通工具。通过微信，我们用文字和语音交流，分享学习心得和生活琐事，逐渐加深了彼此的了解。在学习上互帮互助，在生活中互相关心，微信逐渐不再只是一个工具，而成为我们之间沟通的桥梁。能在异国他乡相遇并成为朋友，是一段难得的缘分。为了不辜负这份缘分，我们每个人都更加努力学习，以加倍的勤奋面对每一个学习的挑战。我们都明白，只有通过不懈的努力，才能让这段珍贵的友谊更加稳固，并在学业上取得更大的进步。

江南大学，这座美丽的校园，见证了我们每一个人的成长与蜕变。每天清晨走进东门时，首先映入眼帘的是辛勤工作的保安叔叔，他认真检查进出人员，保障校园的安全，让我感到安心。从校门到教室的路上，总能看到许多忙碌的身影。清早打扫校园的清洁阿姨默默无闻地开始一天的工作，为我们营造整洁舒适的学习环境。每次进入教学楼，都能看到老师们温暖的微笑和亲切的问候，那一句"早上好"总让我感到温馨。有时也会在行政楼遇见一直耐心回答我问题的张老师，她对我的关心和帮助让我在异国他乡也能感受到如同家人般的温暖。在食堂前的小超市买东西时，老板娘总是亲切地向我打招呼，她的笑容让我感到无比亲切。在这个陌生的国家，江南大学的每一个人都如此友好，他们的关怀与温暖逐渐融化了我初来时的孤独感。

在江南大学，我不仅学会了汉语，更感受到了人际关系的温暖与文化的多样性。无论是老师们无私的奉献，学友之间的相互帮助，还是校园中那一个个温暖的瞬间，都是我人生中难以忘怀的宝贵经历。这段留学生活让我体会到了努力的重要性，也让我真实地感受到跨越语言和文化障碍后的成就感。今后无论在学习还是生活中，我都会继续努力，以回报那些曾给予我帮助和关怀的人们。江南大学，这个充满温情的地方，将永远在我心中占据重要的位置。

제주도에서 꿈꾸기

　나는 일찍이 제주도에 진출하였다. 처음에는 나의 꿈을 실현할 수 있는 개인적인 출발을 하였지만, 시간이 지나면서 점차 공익적인 꿈을 꾸기 시작하였다. 그런 까닭에 그 꿈을 펼치기 위해 중국에 와서 중국어를 배우고 있다. 장차 미래에는 한국과 중국의 교류가 더 확장될 것이라고 전망하고 내 자신이 중국을 이해하고 소통하기 위해서 강남대학에서 공부하고 있는 것이다.

　나의 구체적인 꿈은 제주와 광주에 중국어 교육센터를 열어 청년들이 중국문화와 중국어를 제대로 알 수 있게 하고자 하는 것이다. 먼저 광주지역 고등학생들을 주말마다 무료로 중국어와 중국문화를 알 수 있게 하고, 제주에는 중국 학생이나 일반인이 한국에 와서 한국어를 배우고 한국의 삶을 체험할 수 있는 전문학교를 설립할 생각이다. 그들이 한국에 대한 이해도

를 높여 서로 친화력을 높이고자 한다. 이로써 한국과 중국의 학생들에게 교차교육을 함으로써 양국의 선린과 우호 증진에 기여하는 것이 나의 꿈이다. 이렇듯 당찬 포부를 실현하기 위해 구징치(顧景奇) 중화인민공화국 주 광주총영사를 만나 나의 뜻을 밝히고 협조를 요청하였다.

나는 중화인민공화국 주 광주총영사에게 "중국 강남대학과 손을 잡고 한국어를 배울 중국인을 새로 설립할 광주센터와 제주국제학교로, 반대로 중국대학 입학을 희망하는 한국 학생들은 제주국제학교에서 교육 후 강남대학이나 그밖의 중국대학으로 보낼 계획"이라고 설명했다. 그리고 다른 중국 대학들과도 협약을 맺어갈 예정이라고 했다. 그러자 구징치 총영사는

"먼저 센터를 개설, 폭 넓은 활동 이후 국제학교를 설립하는 방안도 있다"며 양국간 인재를 키우는데 좋은 생각이라고 공감을 표시했다. 더불어 구징치 총영사와 나는 이를 통해 한중 양국간의 우호증진은 물론 인적 교류 활성화를 통한 보다 다변화된 관계 설정을 기대했다.

내가 처음 제주도에 진출했을 때는 낯설고 물설었다. 그러나 이제 제주도는 제2의 고향이 되어버렸다. 그래서 나의 인생 후반기에는 제주도에서 광대한 꿈을 펼치도록 준비하고 있다.

나의 꿈은 중국인들을 상대로 앞에서 밝힌 중국어학교와 더불어 성형외과를 설립해보고자 한다. 성형외과는 VIP를 상대로 한 전신성형을 위주로 한 병원으로 현대에 와서 자신의 아름다움을 가꾸고자 하는 사람들의 욕망을 실현시키는데 힘이 될 수 있을 것이다. 그러므로 1인당 1억원 정도 드는 고가가 될 것이며 하루에 10여 명 정도가 수술을 할 수 있는 규모가 될 것이다. 환자들은 1달 동안 무비자인 제주도에서 추가요금을 지불하여 숙박과 숙식을 하면서 여유롭게 아름다운 제주도의 정취를 흠뻑 즐길 수도 있게 할 것이다.

그러므로 확실한 중국인 투자자를 만나고자 한다. 내가 허가 및 의료진을 알아보고 나의 토지를 제공하면 그들은 건물과 초기 운영비를 내어 공동사업을 실시할 수 있다.

중국의 성형기술은 무척 빠르게 발전하고 있다. 한국의 성형기술은 여전히 세계적이며, 지속적으로 발전하고 있다. 한국의 우수한 성형기술력은 아름다워지려고 하는 중국인들을 만족시켜줄 것이다.

나는 이러한 나의 꿈을 실현하기 위해 최선을 다하여 반드시 꿈을 이룰 것이다.

在济州岛上追梦

我很早就进入了济州岛。起初,这是我个人实现梦想的起点,但随着时间的推移,我开始逐渐怀有一种公益性的梦想。正因为如此,为了实现这个梦想,我来到了中国学习汉语。我展望未来韩中交流会更加广泛,而我现在正在江南大学学习,是为了更好地理解中国、与中国人沟通。

我具体的梦想是,在济州和光州开设汉语教育中心,让青年人能够真正了解中国文化和汉语。首先,我计划在光州地区为高中生提供每周免费的汉语和中国文化课程,同时在济州设立一所让中国学生或普通民众来到韩国学习韩语、体验韩国生活的专业学校。通过提升他们对韩国的理解,加深彼此之间的亲近感。通过这种方式,我希望为中韩两国学生开展交叉教育,为增进两国的睦邻友好做出贡献。这一远大的抱负也促使我拜访了中华人民共和国驻光州总领事顾景奇先生,表达我的想法并请求合作。

我向顾景奇总领事说明说:"我计划与中国江南大学合作,在光州设立新的中心,帮助希望学习韩语的中国人。同时,想进入中国大学的韩国学生将通过济州国际学校接受教育后被推荐到江南大学或其他中国高校深造。"我还表示,将来也会与更多的中国大学签署合作协议。对此,顾总领事表示认可,并建议可以"先设立中心,开展广泛活动之后再设立国际学校",并称这是一个有助于培养两国人才的好想法。我们还期待通过此举,不仅能够促进中韩友好关系,也能通过活跃的人才交流,构建更加多元化的双边关系。

我刚来到济州岛时,对一切都感到陌生。然而如今,济州岛已经成了我第二个故乡。因此,我正在为人生后半段在济州展开宏大梦想而努力准备。

我的梦想不仅仅是建立上述的汉语学校,还包括为中国人开设一家整形外科医院。这家整形外科医院将以VIP顾客为对象,提供全身整形服务。现代人越来越重视自己的外貌,这家医院将帮助他们实现变美的愿望。因此,该医院将会是高端路线,每位顾客大约需要一亿韩元的花费,并具备每天可接待约10人的手术能力。患者可以在免签一个月的济州岛支付额外费用享受住宿和饮食,同时尽情领略济州岛的自然风光。

为此，我希望能找到可靠的中国投资者。我负责办理许可及寻找医疗人员，并提供土地；投资者则负责建造建筑和提供初期运营资金，我们共同开展这项事业。

虽然中国的整形技术发展迅速，但韩国的整形技术仍处于世界领先地位，并在不断发展之中。韩国卓越的整形技术将能够充分满足渴望变美的中国人。

为了实现我的梦想，我将尽最大努力，并坚信一定能够梦想成真。

편견과 이해를 넘어가는 여정

　오랫동안 중국에 대한 나의 인식은 주로 한국의 언론 보도에 의해 파생되었다. 그러나 이러한 보도에 의해 형성된 중국의 이미지는 우호적이지 않았다. 영화에서 우리는 중국인들이 납치하거나 장기를 매매하거나 코로나 전염병으로 사망한 사람들이 집단 매장되는 것을 종종 볼 수 있었다. 이러한 부정적인 이미지는 나에게 중국에 대한 두려움과 편견을 낳았다.

　그러나 내가 중국에 도착했을 때, 나는 내 무지와 편협함을 깨달았다. 직접 보고, 직접 듣고, 중국인들과 함께 사는 것을 통해 나는 과거에 중국에 대한 나의 인식이 일방적이고 심지어 잘못되었다는 것을 깊이 느꼈다. 언론이 제시하는 일방적인 정보만으로 한 나라를 판단하고 그에 대한 진정한 이해를 무시한다.

　사실, 중국의 모든 것은 내 상상력을 뛰어넘었다. 어디를 가든 나는 중국인들의 친절과 열정에 감명을 받았다. 그들의 사상은 엄격하고 정직하며, 학습 태도는 부지런하고 진지하며, 어떤 면에서는 한국의 많은 사람들을 능가했다. 이것은 언젠가 한국이 중국의 급속한 발전에 의해 압력을 느낄 것이라는 것을 깨닫게 한다.

그래서 나는 결심을 내렸다. 개인적인 능력은 제한되어 있지만, 나는 중국과 한국이 친한 동포처럼 서로 만날 수 있는 길을 찾기 위해 노력할 것이다. 생각해 보니 나의 제주도 토지에 중국을 위한 학교를 설립하고 중국 진출을 열망하는 한국 학생들을 양성해 우시 강남대학 등 중국 대학교에 보내 심층 연구하는 생각이 떠올랐다. 동시에, 나는 한국어를 배우고 싶어하는 중국 학생들을 모집하여 한국어를 가르치고 양국 간의 상호 이해와 문화 교류를 촉진 할 계획이다.

비록 현재 나의 자금이 제한되어 있고 이 계획을 완전히 실현할 수는 없지만, 나는 국적이 무엇이든간에 우리는 무엇보다도 인간이라는 것을 확신한다. 사람들은 서로 교류하고 이해해야하며, 국가들은 서로 배우고 서로의 좋은 경험과 교훈을 얻어야 한다. 중국은 지속적으로 발전해야 하고, 한국도 지속적으로 발전해야 한다. 이 목표를 달성하기 위해 우리는 양국 간의 우호 관계를 증진하기 위해 함께 노력해야 한다.

나는 더 이상 젊지 않지만 다음 세대를 위해 더 나은 세상을 만들기를 희망한다. 그래서 나는 용기를 내어 총영사관에 와서 나에게 미래로 가는 길을 열어 주시고 이 비전을 실현할 수 있도록 필요한 지원과 도움을 주시기를 간청한다.

올해 3월, 나는 우시 강남대학에서 중국어를 배우기 시작했다. 현재 중국어를 유창하게 사용할 수는 없지만, 더 많은 인재를 양성하기 위해 끊임없이 노력할 것이다.

超越偏见与理解的旅程

长期以来，我对中国的认知主要来自韩国的媒体报道。然而，这些报道所呈现的中国形象并不友好。在电影中，我们经常看到中国人被描绘为拐卖人口、买卖器官，或是在新冠疫情中死者被集体掩埋的场景。这些负面的形象在我心中引发了对中国的恐惧与偏见。

然而，当我真正来到中国时，我意识到了自己过去的无知与狭隘。通过亲眼所见、亲耳所闻以及与中国人共同生活的经历，我深刻地感受到，过去我对中国的看法是片面的，甚至是错误的。仅凭媒体所提供的单方面信息来判断一个国家，是对真正理解这个国家的忽视。

事实上，中国的一切都超出了我的想象。无论走到哪里，中国人的热情与友善都让我感动。他们的思想严谨而诚实，学习态度勤奋而认真，在很多方面甚至超过了韩国的一些人。这让我意识到，未来某一天，韩国也可能会感受到来自中国快速发展的巨大压力。

因此，我下定了决心。虽然我个人的能力有限，但我愿意努力为中韩两国搭建起如同亲兄弟般交流互通的桥梁。仔细思考后，我产生了一个设想——在我位于济州岛的土地上建立一所面向中国的学校，培养希望进军中国的韩国学生，将他们送往江南大学等中国高校进行深造。同时，我也计划招收希望学习韩语的中国学生，教授他们韩语，推动两国之间的相互理解与文化交流。

尽管目前我的资金有限，无法完全实现这一计划，但我坚信，不论国籍为何，我们首先都是"人"。人类应当相互交流与理解，国家之间也应相互学习，借鉴彼此的宝贵经验与教训。中国需要不断发展，韩国也应不断进步。为了实现这一目标，我们必须携手促进两国之间的友好关系。

我虽然年岁已不再年轻，但我仍希望能为下一代创造一个更美好的世界。因此，我鼓起勇气，来到总领事面前，恳请您为我打开通往未来的大门，并给予我实现这一愿景所需的支持与帮助。

今年三月，我在无锡江南大学开始学习汉语。虽然现在还无法流利地使用汉语，但为了培养更多人才，我将持续不断地努力下去。

국제평화병원장과 함께

내가 생각하는 성형외과를 설립하기 위해 나는 중국 온주에서 유명한 국제평화병원장 薛志輝과 첫번째 미팅을 가졌다.

그의 병원은 준종합병원이었지만, 그들의 실력이 알려져 환자가 끊이지 않고 부쩍거리고 있었다.

그래서 그 병원 옆에 두 배로 큰 병원을 새로 짓고도 있었다.

그는 나에게 자신의 원장실에서 식사를 대접해주었다. 병원밥이라기보다는 영양소를 생각해 건강식품으로 배정되어 환자들이 거부감 없이 믿고 맛있게 식사할 수 있을 것 같았다. 그의 병원은 온주에서는 가장 먼저 성형외과를 개원할 만큼 그의 실력은 출중하다.

성품 또한 반듯하고 정갈하다.

병원을 둘러보는 내내 그는 환자들과 마주치면 환자들과 스스럼없이 대화를 나눈다.

 가족 같은 분위기라 병원 같지가 않다. 나는 그와 친구를 하기로 했다.
 아직은 나에 대해 아는 게 없어 그에게 나는 거리감이 있다. 시간이 지나면 서로 진실한 친구가 될 수 있을 것이다.
 국제평화병원은 시설면에서 훌륭했다. 이 병원 여러 곳을 살펴보며 장차 제주도에서 개원할 성형병원을 머릿속에 그림 그렸다. 많은 중국인이 한국의 제주도에 와서 훌륭한 의료 서비스를 받는 것을 생각하니 마음이 설레였다.

与国际和平医院院长的会面

为了实现我设想中的整形外科医院,我在中国温州与著名的国际和平医院院长薛志辉进行了第一次会面。

他的医院虽然只是准综合性医院,但由于实力出众,声誉很好,患者络绎不绝,人流不断。因此,他们正在医院旁边建设一座规模是原来两倍的新医院。

他在自己的院长办公室请我吃饭。这顿饭与其说是医院餐,更像是一种健康食品,兼顾营养与味道,让患者毫无抗拒地安心享用。

他的医院在温州是最早开设整形外科的医院之一,足

见他在该领域的专业实力。他为人正直，性格严谨。

在我参观医院的过程中，每当他与患者相遇时，都会自然地与他们交流，毫无距离感。医院的氛围如同家庭一般，完全不像传统意义上的医疗机构。我决定和他交朋友。

虽然他目前对我还不够了解，对我还保持着些许距离感，但我相信随着时间的推移，我们会成为真正的朋友。

国际和平医院在设施方面非常出色。我在医院的各个角落参观时，脑海中不禁浮现出将来在济州岛开设的整形医院的模样。想到将来有许多中国人来到韩国济州岛，接受优质的医疗服务，我的心情不由得激动起来。

마리아의 손편지

중국어는 나에게 도전이지만 매우 흥미로웠다. 병음부터 회화에 이르기까지 선생님들이 진심으로 생활 속에서 중국어로 다른 사람과 대화하는 법을 차근차근 배울 수 있게 도와주었다. 내게는 매우 감사하고 의미있는 시간이었다.

어느새 한학기가 끝났다. 정신없이 공부하느라고 시간 가는 줄 몰랐다. 그동안 중국에 유학온 다른 나라 친구들도 많이 생겼다. 공부는 각자의 몫이지만 목표는 같았다. 중국어를 열심히 배우는 것이었기에 서로가 우정어린 마음으로 친구가 되었다. 그중 나는 언니뻘 되므로 그들은 언제나 내게 먼저 인사를 한다.

가족 같은 관계가 되다보니 한 학기가 끝나갈 무렵, 친구들과 선생님은 오직 나 한사람을 위한 서프라이즈를 해주었다. 모두가 짧은 글이었지만, 작은 카드에 자신들의 따스한 마음을 빼곡하게 담아 나를 감동시켰다. 특히 마리아의 손편지는 내 마음을 울렸다.

> 이선미.
>
> I feel very grateful to life for having met you, for being able to enjoy your company. Thank you for being so special, for teach me with your courage. You are a woman i admire. With you i learned Firsthand what the meaning of the words was: Companionship and loyalty.
>
> I want you to know that you are not alone. that you have a lot of people around you who value you and love you. and want the best for you. And I, of course, am among those people.
>
> I want to remind you that you count on me for everything. that I am here whenever you need it and whatever you need.
>
> whit love.
>
> Maria ♡

당신을 만나서 정말 기쁩니다. 당신은 정말 특별한 사람이고 당신의 용기있는 경험에 대해 들을 수 있어 감사합니다.

당신은 제가 존경하는 대상입니다. 당신 덕분에 동료감과 충성심에 대한 의미를 알 수 있게 되었습니다.

당신은 혼자가 아니라는 걸 말씀드리고 싶어요. 당신의 가치를 알아주는 사람들이 주변에 많다는 걸 꼭 기억하셨으면 좋겠어요. 그 중에서도 한 명이고요.

당신을 사랑하고 언제나 좋은 일들만 가득하길 바랄게요.

그리고 저는 당신 옆에 응원하고 있을게요. 도움이 필요할 때 언제든 불러주세요. 저는 항상 옆에 있을게요. 언제든 의지하셔도 돼요.

사랑을 담아 마리아.

마리아의 손편지에 나는 눈시울을 적셨다.

나는 마리아, 선생님, 그리고 친구들에게 사랑과 고마움을 뜨겁게 느꼈다. 시간이 지나면 각자의 나라로 돌아가겠지만 '우리 서로 절대로 잊지 말자! 그리고 사랑해'라고 말해주고 싶었다.

인생에 있어서 강남대학에서 보낸 시간은 매우 짧은 시간일지도 모른다. 그러나 살아가면서 훌륭하고 감격스러운 아름다운 추억이 될 것이다. 그러므로 남은 시간까지 사랑하고 우애스러운 마음으로 보내야겠다고 생각했다.

玛利亚的亲笔信

汉语对我来说是挑战，但也充满趣味

汉语对我而言是一项挑战，但却非常有趣。从拼音到会话，老师们都真心地一步步引导我们如何在生活中用汉语与他人交流。这段时间对我来说既充满感激，又意义非凡。

不知不觉中，一个学期已经结束。忙于学习让我忘记了时间的流逝。在这段时间里，我结识了很多来自其他国家的中国留学生朋友。虽然学习是每个人自己的事情，但我们的目标却是一样的——努力学习汉语。因此，我们在相同的目标下成为了彼此友爱的朋友。在他们当中，我年纪最

大，就像姐姐一样，所以他们总是先跟我打招呼。

因为彼此就像家人一样，学期快结束时，朋友和老师们为我准备了一个特别的惊喜。他们虽然只写了几句简短的话，但却在小卡片上密密麻麻地写下了满满的温暖，让我深受感动。尤其是玛利亚的亲笔信让我热泪盈眶。

"认识你我很高兴。你是一个非常特别的人，能听到你勇敢经历的故事我感到十分感恩。

你是我尊敬的对象。正因为你，我才明白了什么是同伴感与忠诚。

我想告诉你，你并不孤单。你身边有很多人都懂得你的价值，也包括我。

我爱你，祝你一直都有美好的事发生。

而我会一直在你身边支持你。

如果你需要帮助，随时叫我。我永远在你身边，随时可以依靠我。

满怀爱意，玛利亚。"

看到玛利亚的信，我湿润了眼眶。对玛利亚、老师以及朋友们，我感受到了满满的爱与感激。虽然时间过后我们都会回到各自的国家，但我真心想对他们说："我们永远不要忘记彼此！

我爱你们。"

在人生中，在江南大学度过的时间或许只是短暂的一段插曲。但我相信，这段时光将成为我生命中令人感动而美好的回忆。因此，在剩下的时间里，我也要继续怀着爱与友情，珍惜每一个瞬间。

온주(溫州)에서

2025년 3월 20일, 나는 우시(无锡)를 떠나 온주(溫州)로 보금자리를 옮겼다. 국제평화병원 원장과 맺은 인연이 한몫했지만, 막상 낯선 도시로 들어서자 마음 한구석이 텅 비는 듯했다.

온주는 우시에서 남쪽으로 500여 킬로미터 거리에 있는 항

구도시로 920만여명의 인구를 가진 도시이다.

나는 낯선 날에 와서 내가 품은 꿈을 이루려면, 그 빈틈까지 껴안고 나아가야만 한다. 결국 이 싸움은 외부가 아닌, 나 자신과 벌이는 고독한 결투라고 생각하였다.

그런 나에게 작은 버팀목이 되어 주는 얼굴들이 있다.

먼저, 연화원에서 근무하는 장혜진. 그녀는 늘 활기차고 착하며, 단 한순간도 미소를 잃지 않는 순박한 사람이다. 사랑이 가득한 가족도 그녀를 닮았다. 두 딸은 눈부시게 예쁘고, 남편은 그녀를 세상에서 가장 아끼는 듯하다. 그 모습을 바라보면 부러움보다는, 언젠가 내 삶에도 그런 온기가 깃들기를 바라는 마음이 일렁인다.

다음은 국제평화병원에서 일하는 叶若琳. 강직하고 당당한 그녀는 매사에 절도가 있어 마치 날카롭게 다듬은 검처럼 느껴진다. 우연히 알게 된 우리는 의자매의 인연을 맺었고, 그 사실이 나를 얼마나 든든하게 하는지 모른다. 그녀의 명료한 말투와 또렷한 눈빛은, 흔들릴 때마다 가야 할 길을 가리키는 나침반이 된다.

그리고 내가 자주 찾는 'Wendi 미용실' 이야기를 빼놓을 수 없다. 이곳에는 남자 직원 한 명과 부부 원장이 함께 일한다. 다른 곳이라면 아내가 원장을 맡았을 법도 한데, 이곳의 주인

은 남편이다. 그는 내 머리를 남자처럼 짧게 잘라 놓고도, 내 속상함은 눈치채지 못한 채 자신의 실력에 완전히 도취되어 있다. 그의 아내는 남편을 "대부"라 부르며 살뜰히 보필하지만, 정작 자기 머리카락엔 관심이 없다. 짧고 세련되게 다듬으면 더없이 아름다울 얼굴임에도, 길게 기르겠다는 고집을 꺾지 않는다. 나도, 그녀의 남편도 못마땅할 때가 있지만, 결국 머리카락은 그녀 자신의 선택이다.

흥미롭게도, 미용실에 매일 가는 것도 아닌데 문을 열고 들어서면 세 사람 모두 반가운 미소로 맞아 준다. 그 웃음 덕분에 삭막했던 하루가 포근해지고, '힘들지만 괜찮다'는 작은 속삭임이 마음속에서 피어난다.

외로움과 두려움은 여전히 나와 함께다. 그러나 장혜진의 따

듯한 가족애, 叶若琳의 또렷한 걸음, Wendi 미용실 사람들의 밝은 웃음이 어깨를 토닥이며 말한다. "잘하고 있어, 괜찮아." 그렇게 나는 오늘도 다시 마음을 다잡는다. 언젠가 온주라는 낯선 이름이 내 삶 한가운데 '집'이라 불리는 날까지, 이 싸움은 계속되겠지만, 나는 이미 외롭지 않다.

 나는 온주에 와서 뜻깊은 만남이 있었다. 우리 동포인 조선족 이문걸(李文杰) 씨의 소개로 온주에서 제법 모범적인 기업인 두 분을 소개받았다. 한 분은 병원장이고, 다른 한 분은 절강 명원 홀딩그룹 유한회사 회장이다. 특히 양례백(楊礼白) 회장은 많은 의류체인점을 가지고 있는 건실한 기업인으로 아내와 함께 체인점을 관리하고 있다. 중국인들은 온주 출신이라면 돈 많은 갑부로 생각하기 일쑤인데, 누구든지 열심히 일을 하게 되면 좋은 결과를 얻을 수 있음을 양 회장을 통해 확인할 수 있다.

在温州

2025年3月20日，我离开无锡，搬到了温州安家。虽然是因与国际和平医院院长的一段缘分而做出的选择，但当真正踏入这座陌生城市时，内心一角却感到一丝空虚。然而，为了实现我怀揣的梦想，即便是这份空虚，我也必须一并拥抱、勇敢前行。因为这场战斗并非来自外部，而是我与自己之间孤独的较量。

温州是一座港口城市，位于无锡以南约500公里，拥有约920万人口。

我来到这个陌生的地方，为了实现心中的梦想，必须拥抱所有的空隙，勇往直前。最终，这场斗争不是与外界，而是与自己的孤独对决。

接着是国际和平医院的叶若琳。她刚正不阿、光明磊落，做事有分寸，宛如一把被精心磨砺的利剑。我们是在一次偶然的机会中相识，如今已结为义姐妹。每当我感到不安动摇时，她那清晰坚定的言语与犀利的眼神，便成了我前行路上的指引。

还有我常光顾的"Wendi 美发店"，也不可不提。店里有一位男员工和一对夫妇共同工作。本该是妻子担任主理的场合，却是丈夫做了老板。他曾把我的头发剪得像男人一样短，却完全没察觉我的不满，反而沉浸在自己"高超"的手艺中。他的妻子对他体贴有加，称他为"大爷"，却对自己的头发毫不关心。明明只要修剪得短一些、利落些，她的脸庞就会更显美丽，但她始终坚持留长发。我和她的丈夫虽然偶尔对此感到不解或不满，但头发终究是她自己的选择。

有趣的是，虽然我并不是每天都去理发店，但每次推门而入时，那三个人都会以真挚的笑容迎接我。正是这份笑容，让我冰冷的一天瞬间变得温暖，也让我在心中听见一句悄悄的话语："虽然辛苦，但没关系。"

孤独和恐惧依然伴我同行。但张惠珍的家庭温情、叶若琳坚定的步伐，以及Wendi 美发店中那几位的明朗笑容，像轻轻拍着我肩膀般告诉我："你已经做得很好，一切都会好的。"就这样，我再次鼓起勇气，坚定信念。直到有一天，"温州"这个陌生的名字，成为我生命中被称作"家"的地方为止——这场与自己的战斗仍将继续，但我，已经不再孤单。

我在温州有了一次意义深远的相遇。通过我们朝鲜族同胞李文杰的介绍，我认识了两位在温州颇具典范的企业家。一位是医院院长，另一位是浙江名源控股集团有限公司的董事长。特别是杨礼白董事长，他是一位稳健的企业家，拥有多家服装连锁店，与妻子共同管理这些连锁店。中国人常常认为温州人都是富豪，但通过杨董事长可以看出，只要努力工作，任何人都能取得好的成果。

우시 – 살아 숨 쉬는 도시

안개가 하얗게 피어오른 태호(太湖)의 새벽 물결을 바라보며, 나는 우시(無錫)라는 도시가 품고 있는 거대한 서사(敍事)의 첫 페이지를 넘긴다. 물은 잔잔히 숨 쉬고, 섬세한 버드나무 잎사귀 사이로 느릿하게 스며드는 햇살은 오늘도 오천여 년의 시간을 잇는 가교가 되어 준다. 이 광활한 호수는 한때 '어머니의 젖'이라 불리며 주변 땅을 비옥하게 적셔 왔고, 오늘날엔 '태호아집(太湖雅集)'라는 이름으로 2025 오사카 엑스포에서 새롭게 선보인 관광 브랜드의 심장으로 다시 뛰고 있다.

벚꽃이 달콤한 바람에 흩날리는 3월, 사람들은 너도나도 유안터우주(鼋头渚) 반도를 찾는다. 호수를 향해 고개를 내민 벚나무 터널을 지나면, 물빛을 머금은 돌다리 아래 잔물결이 분홍 꽃비를 품고 흔들린다. 오래전 어부들이 물길을 읽어내던 작은 포구는 이제 사진가와 연인들의 무대가 되었고, 2025년

'Wow! Wuxi! 디스커버리 투어'의 160여 개 체험 행사 가운데 가장 먼저 매진된 프로그램도 이곳 벚꽃 유람선이었다고 한다.

 호수 위를 미끄러지듯 나아가다 보면, 저 멀리 푸른 실루엣으로 떠 있는 구넝산(龜背山) 능선이 잔잔한 수면을 따라 뒤집혀 또 하나의 하늘을 만든다. 물과 하늘, 실경과 반영이 뒤섞인 이중의 풍경 속에서 여행자는 '안으로 걷는 발걸음'을 배운다.

 태호에 자리잡은 우시는 기원전 5세기의 오(吳) 문화에서 시작해 중국 대운하의 발달로 상업 도시로 도약했다. 오늘날에도 새벽이면 좁은 수로 위로 화물선이 천천히 미끄러지고, 밤이면 LED 조명이 비추는 석교(石橋)와 기왓지붕이 수면 위에 별처럼 번져 나온다. 2024년 '대운하 해외홍보 시즌'이 개막하며 우시 구간은 100여 개 국가에서 진행되는 문화 교류의 대표 무대로 선정되었다.

나는 밤길을 따라 걸으며, 벽돌 사이로 스미는 간장의 슴슴한 향과 찹쌀 누룩의 달큰한 냄새를 맡는다. 이곳의 간장·술 공방은 거친 손때와 나무통 사이에서 천천히 시간을 발효시키고, 그 시간을 다시 배에 실어 세상으로 흘려보낸다.

운하에서 북쪽으로 조금만 걸으면 회산(惠山) 소진진(小鎮鎭)이 나타난다. 검푸

른 벽돌 담벼락과 빗물에 닳은 청석(靑石) 골목길을 따라 들어가면, 어깨너머로 들려오는 것은 흙을 두드리는 나무망치 소리다. 400여 년 전부터 이어져 온 회산 점토 인형(惠山泥人)은 2006년 중국 국가급 무형문화유산으로 지정되었고, 최근엔 젊은 세대의 손에서 '아트토이'로 재탄생하며 다시금 주목받고 있다.

장인의 손에서 점토는 순식간에 장승처럼 익살스러운 '아복(阿福)' 인물은 물론, 만화 캐릭터나 현대적 추상 형상으로도

변모한다. 도시의 치명적인 속도 속에서도 흙의 온기를 지켜내려는 이들의 집념은, 곧 우시가 물과 쇠뿐 아니라 '사람 냄새'를 잃지 않는 비결임을 보여준다.

태호 북안 마산(馬山)의 능선 위, 능산 대불(靈山大佛)은 88미터 높이로 고요히 서 있다. 세속의 시끄러움은 거대한 발아래 계단에 내려놓고, 손바닥 한 뼘만 한 위패(位牌)처럼 작은 사람들은 천천히 216계단을 오른다. 청동으로 거듭난 아미타불의 손은 남쪽 호수를 향해 열려 있고, 바람이 불 때마다 연꽃 주춧돌에 금빛이 일렁인다. 1996년 완공된 이 불상은 세계에서 가장 높은 입불 가운데 하나이며, 2008년에 건립된 범궁(梵宮)과 오인만다라(五印坛城)가 함께 불교 예술의 시·공간을 확장한다.

'부처의 한 손'이라 불리는 거대 청동 손바닥 앞에 서면, 누구나 자신이 지닌 끝없는 가능성을 체감한다. 장대한 규모 앞에서 느끼는 작음은 곧 겸허함으로, 그리고 낯선 위안으로 바뀌는 것이다.

우시는 전통을 박제하지 않는다. CCTV 촬영기지가 세운 '삼국성(三國城)'과 '수호전성(水滸城)'에서는 중화소설의 등장인물들이 매일같이 활극을 벌이고, 2024년 여름 개장한 야오후(窑湖) 타운에서는 물놀이 파크·예능 무대·아트 호텔이 한데 어우러지며 호숫가에 생기를 불어넣었다.

이 새로운 무대들은 우시가 기술·문화·관광을 뒤섞어 미래를 실험하는 현장이고, 전 세계 여행업계 관계자들이 '우시 인바운드 관광 상품 프로모션'에서 주목한 지점이기도 하다.

한 도시를 기억하는 가장 직설적인 방법은 '먹는 일'이다. 은은한 향의 감주(糯米酒) 한 잔으로 시작해, 달콤 짭조름한 우시 파이구(无锡排骨)를 베어 물면 카라멜화된 소스가 입안을 가득 채운다. 태호가 품은 '삼백(三白)'—백어·백하·백개—는 살이 투명할 만큼 연하고, 그 옆에서 보글보글 끓는 갈색 국물은 운하가 키운 장유(醬油)의 정수다.

북쪽 이싱(宜興)에서 온 자사호(紫砂壺)는 회산 점토 인형과 같은 흙이지만, 이번엔 '차'라는 또 다른 시간의 물결을 품는다. 손바닥에 꼭 들어오는 자사호에 녹차를 붓고 호수를 바라보면, 차향과 물내음, 진흙 냄새와 버드나무 수액이 한데 어우러져 코끝을 기분 좋게 간질인다.

태호에 비친 달빛이 점점 높아질수록, 낮에 밟았던 골목길의 청석이 검푸르게 젖어 간다. 정박한 목선(木船)의 닻줄이 살짝 흔들리고, 서호서원(書院) 앞마당의 금목서 향이 밤새 퍼진다. 물과 흙, 빛과 사람이 복잡하게 교차하는 이곳의 시간은 결코 직선이 아니다. 그것은 과거에서 미래로 이어지는 거대한 나선형 물길이자, 문명과 자연이 서로를 비추며 끊임없이 자문(自問)하는 거울이다.

우시를 떠나는 기차 창밖으로 다시 태호의 수면이 흐른다. 나는 그 위에서, 대불의 미소와 점토 인형의 익살, 벚꽃 잎이 만든 분홍 물비늘, 그리고 젖은 석교 난간의 차가운 감촉을 동시에 떠올린다. 이 중첩된 감각들은 하나의 문장이 되어, 이렇게 속삭인다.

"물은 사라지지 않는다. 흙도 사라지지 않는다. 기억을 품은 풍경은, 언젠가 돌아올 당신을 기다린다."

그리하여 나는 서쪽 하늘 끝으로 사라지는 노을에 마지막 시선을 건네고, 마음속에 작은 여백을 남긴다. 그 여백은 태호가 남긴 물비늘이며, 회산 진흙이 품고 있는 미소이며, 우시라는 이름이 품은 무한한 생명력이다. 그리고 언젠가, 그 여백 속으로 다시 돌아와 또 다른 이야기를 써 내려갈 것이다.

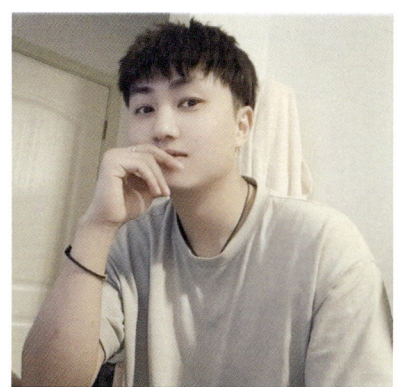

无锡 — 一个有生命的城市

在晨雾轻盈升起的太湖边，我翻开了这座名为"无锡"的城市所承载的宏大叙事的第一页。水波轻轻地呼吸着，阳光穿过柳叶的缝隙缓缓洒落，今日依旧成为连接五千年岁月的桥梁。这片广阔的湖泊，曾被称为"母亲的乳汁"，滋润着四周的土地；如今则以"太湖雅集"之名，成为2025年大阪世博会上新推出的旅游品牌核心。

三月，樱花在甜美的春风中飞舞，人们纷纷涌向鼋头渚半岛。穿过伸向湖面的樱花隧道，粉色花雨在波光粼粼的石桥下荡漾。昔日渔民识水而栖的小码头，如今成了摄影师和恋人们的舞台。据说，2025年"Wow! Wuxi!"探索之旅中，160多个体验项目中最先售罄的，便是这里的樱花游船。

当游船在湖面上缓缓滑行，远方龟背山的青黛轮廓在水面倒映，绘出另一重天。水与天、实景与倒影交织出的双重风景，让旅行者学会向内行走的步伐。

　　坐落在太湖之畔的无锡，自公元前五世纪吴文化兴起，因中国大运河的开凿而发展为商贸重镇。直到今日，清晨的水道上仍有货船缓缓驶过，夜晚的石桥与瓦檐在LED灯光下倒映在水面，宛如星光点点。2024年"大运河海外推广季"启动，无锡段被指定为百余国文化交流的代表舞台。

　　沿夜路前行，鼻尖萦绕着从砖墙缝隙中透出的酱香与糯米曲的甘甜。这里的酱油和酒坊，在粗糙的木桶和掌纹中慢慢发酵，再将时间酿成的味道装船远行。

　　往北步行不远，便是惠山小镇。沿着黛青色砖墙与雨水打磨的青石巷深入，耳畔响起木槌敲打泥土的声音。已有四百年历史的惠山泥人，于2006年被列入国家级非物质文化遗产，近年来在年轻人手中化身为"艺术玩具"，重新焕发生机。

　　在匠人的指尖，泥土一瞬间变作憨态可掬的"阿福"形象，也能是漫画角色或现代抽象造型。即便在这座快节奏的城市中，人们仍执着地守护泥土的温度，这份坚持正是无锡不仅有水有钢，更有人情味的秘密。

　　在太湖北岸马山的山脊上，灵山大佛静静矗立，高达88米。喧嚣的尘世在其脚下的阶梯间被卸下，如小小灵位般的人影，缓缓登上216阶。青铜铸造的阿弥陀佛之手向南湖张开，微风拂过，金光在莲花石座上荡漾。这尊建于1996年的大佛，是世界上最高的立佛之一，2008年建成的梵宫与五印坛城扩展了佛教艺术的时空疆域。

站在被称为"佛手"的巨大青铜掌前，人会不自觉地体会到自身的无限可能。在宏伟的面前感受到的渺小，会转化为谦卑，也是一种陌生却温柔的安慰。

无锡从不将传统尘封。CCTV影视基地打造的"三国城""水浒城"中，经典小说角色每日上演英雄传说；而2024年夏季开幕的窑湖小镇，则将水上乐园、综艺舞台与艺术酒店融于一体，为湖畔注入新活力。

这些新舞台正是无锡将科技、文化与旅游交织实验的前沿，也成为全球旅游业者在"无锡入境游推介会"中重点关注的焦点。

记住一座城市，最直接的方法莫过于"吃"。一杯清甜的糯米酒开场，咬下甜中带咸的无锡排骨，焦糖般的酱汁在口腔中弥漫。太湖三白——白鱼、白虾、银鱼，肉质细嫩透明，锅中咕嘟作响的褐色汤汁，正是运河孕育的酱香精华。

从北方宜兴来的紫砂壶，与惠山泥人同样源自泥土，却承载着另一段关于"茶"的时间波澜。将绿茶倒入掌中壶，面向湖水，茶香、水气、泥土味与杨柳汁液交融，悄然触动嗅觉深处。

当太湖上空的月色愈加明亮，白日踏过的青石小巷也被深蓝色染湿。泊岸的木船轻晃锚绳，书院前庭的金桂香气在夜色中四散。水与土、光与人交织的这段时光，并非直线延展的轨迹，而是一道通往未来的巨大螺旋水路，是文明与自然互为镜像、反复自问的回响。

离开无锡的列车窗外，太湖水面再次掠过。我在湖光中同时忆起大佛的微笑、泥人的诙谐、樱花雨点缀的水面、还有那湿润石桥栏杆的冰凉触感。这些层叠的感官记忆汇聚成一句低语：

"水不会消失，泥也不会消失。承载记忆的风景，终将在某一天，等待你的归来。"

于是，我把最后一眼送给那消失在西天尽头的晚霞，在心中留下一个小小的空白。那空白是太湖留下的水纹，是惠山泥土藏着的微笑，是"无锡"这个名字所包含的无限生命力。而有一天，我会回到那空白之中，书写下一段新的故事。

상하이 푸동

새벽 5시, 황푸강 동쪽 강안(江岸)에 첫빛이 스미면 푸동(浦東)은 매번 새로운 우주로 태어난다. 물결은 잔잔히 꿰매듯 어둠을 접고, 강 건너 푸시(浦西)의 서양식 파사드가 한 겹, 푸동의 유리벽이 또 한 겹 겹쳐져 도시가 두 장으로 제본된다. 그 속살을 들추자마자, 우리는 이미 시간을 거슬러올라가고 있다.

루자쭈이(陸家嘴) 금융지구의 실루엣은 이제 '중국의 명함'을 넘어 '미래 건축 어휘집'이 되었다. 468 m의 동방명주탑(东方明珠塔)은 1994년 준공 이후 30년째 하늘에 구슬을 꿰고 있고, 632 m · 128층의 상하이타워(上海中心大厦)는 나선형 유리비늘을 돌려가며 매 분 기류를 빗겨 보낸다. 최근 리뉴얼된 전망대(118 · 119층)에서는 552 m 높이에서 360도 유리 난간을 통해 황푸강의 곡선을 손바닥 위 광맥처럼 내려다볼 수 있다.

　밤마다 두 마천루의 LED 패널이 서로 다른 호흡으로 빛을 뿜어낼 때, 건축은 더 이상 구조물이 아니라 심포니다. 그 속에서 도시가 교향곡의 서주를 대신하고, 강바람이 숨을 고른 뒤 첨탑들을 관악기처럼 울린다.

　강 남쪽으로 시선을 옮기면, 붉은 도개(斗栱)를 쌓아 올린 '동방의 관(冠)'이 우람하게 서 있다. 2010년 상하이 엑스포 중국관이자, 지금의 중국미술관(中华艺术宫)이다. 2012년 재개관 이후 매년 200만 명이 넘는 관람객이 이곳에서 민화(民画)부터 디지털 아트까지 종횡무진하며 '중국적 현대성'이란 수수께끼를 해독한다. 초록빛 태양광 패널이 기와 대신 들려올

려진 이 건물은, 과거와 미래를 한 문장 속 동사와 목적어처럼 단단히 결속시킨다.

그러나 푸동은 빌딩 숲만으로 숨 쉬지 않는다. 루자쭈이에서 지하철 두 정거장, 140ha 크기의 센추리파크(世纪公园)는 '도시의 허파'이자, 7개 테마존이 연결된 거대한 녹색 실험실이다. 호수 주변을 도는 5km 러닝 코스에는 주말마다 유모차와 인라인스케이트가 뒤섞이고, 흙 내음이 밴 냇물길을 따라선 백로와 청둥오리가 번갈아 비행을 연습한다.

푸동 남단의 추안사(川沙)에는 또 하나의 '행성'이 있다. 2016년 개장한 상하이 디즈니 리조트가 그것인데, 2023년 12월 '주토피아(Zootopia) 랜드'가 문을 열며 탐험가는 다시 동물 시티의 경찰 배지를 달았다. 2025년 5월엔 스파이더맨 테마 어트랙션의 공사가 착공되어, 아이들은 이미 거미줄을 휘두를 준비로 들떠 있다. 해외 테마파크 연구 보고서가 코로나 이후 방문객 회복 속도를 톱클래스로 꼽은 이유도 여기에 있다.

밤 9시, 불꽃쇼가 끝나고 '상하이 앤서데이'(매주 토요일 한정 퍼레이드)가 강가까지 불빛을 퍼뜨리면, 루자쭈이 마천루들은 너른 밤하늘을 캔버스 삼아 다시 한 번 색을 갈아입는다.

놀이공원의 화려함을 뒤로하면, 같은 추안사에 자리 잡은 명대(明代) 성곽이 조용히 벽돌 냄새를 풍긴다. 해안선을 따라

왜구를 막기 위해 쌓았다는 이 성벽은, 이제 현지 주민의 산책로이자 결혼 사진 배경으로 둔갑해 있다. 잘 간직된 동문 근처 찻집에서 마시는 쟈스민차는 풍경 속 시간을 연다. '현대'라 불리는 두꺼운 책장을 잠시 접어두는 공간이 이토록 가깝다는 사실이 신기하다.

센추리 애비뉴 동쪽, 94 km^2 규모의 장장(张江) 사이언스 시티는 반도체·바이오·AI 연구소 400여 곳이 얽혀 있는 거대한 회로판이다. 2024년 9월 푸장 혁신 포럼이 '미래 지식의 거리'로 불리는 하이커로우(海科路)에서 열리자 과학자뿐 아니라 여행객도 이 도시형 캠퍼스에서 '견학 투어'를 예약하기 시작했다. 실리콘밸리에 견줄 세계적 과학도시를 목표로 삼은 청사진 아래, 테크 기업 로비 옆 커피 바에서 나노칩 모양 라떼아트를 마시는 풍경은 더 이상 낯설지 않다.

푸동 남쪽 린강(临港)으로 달리면, 삼각 파사드가 소용돌이치는 거대한 '소용돌이 은하'와도 같은 건물을 만나게 된다. 2021년 개관한 상하이 천문관(上海天文馆)은 연면적 4.2 만 m^2로 단일 규모 세계 최대의 플라네타륨이다. 내부에는 8K 스크린이 별의 탄생을 실시간 시뮬레이션하고, 천장 없는 돔 아래선 실제 하늘이 드론처럼 회전한다. '지구의 중력을 흐트러뜨리는 곡선'이라는 설계 철학은 스스로를 은유한다—우주가

휘기 전까지 우리의 상상도 결코 곧지 않았음을.

천문관에서 불과 10분, 인공호수 디쉬이후(滴水湖)는 원형 수면에 바람을 가득 담아 둥글게 호흡한다. 2025년 5월 '린강 밋 러브(Meet Love) 콘서트'가 이 수변 무대를 환하게 밝히자, 돔형 무대와 360도 수상 불꽃이 호수와 하늘 경계를 지웠다. 드론 라이트쇼가 그린 하트 문양 한가운데를 세일보트가 가르며 지나갈 때, 음악·물·빛·바람이 잠시 하나의 분자 구조를 이룬다.

푸동의 변두리라도, 첨단 과학만이 흐르는 것은 아니다. 후이난(惠南) 하이셴촌(海沈村)에서는 매년 가을 다른 품종의 벼를 색실 삼아 50 m짜리 '논 그림'을 직조한다. 2020년대 들어 그 벼그림은 루자쭈이 스카이라인을 그대로 본뜬 패턴으로 업데이트되었고, 주말이면 외국인 가족 단위 투어 버스가 이 시골길로 몰려든다. 광목 치마 자락처럼 펼쳐진 황금 논밭에서 바람은 화려함을 떨치고 가장 순한 색으로 돌아온다.

도시가 빠르게 변모하는 동안, 푸동은 '농민화(農民画)·전통 공예·상하이 오페라'를 모아 순회 전시를 열고, 초등학교 교실에서 대나무 악기 만들기 체험을 진행한다. 커다란 LED 스크린으로 뒤덮인 전시장 복도에 촘촘히 걸린 지공(紙工)·민화는, 종이에 그린 선보다 오히려 사람 손의 온도가 진짜 '아날로그'임을 상기시킨다.

푸동의 지리는 혀끝에서도 완성된다. 황푸강 꽃게를 간장에 절인 성훈(生浸蟹), 장장의 과학자들이 야근 후 즐겨 찾는 '로봇 국수집'의 새우완탕, 링강 해풍으로 말린 청어 구이, 그리고 길모퉁이 두부꽃(豆腐花)까지—이 도시의 좌표축은 위도·경도가 아니라 '짭조름함과 담백함'이다.

강 건너편 네온사인이 파도처럼 일렁이는 밤, 나는 문득 푸동을 '껍질'에 비유한다. 강물·강변·첨탑·천문관·논밭이 차례로 겹겹의 외피를 이루고, 그 속에는 여전히 이름 모를 씨앗들이 자라고 있다. 130년 전, 쑨원(孫文)은 상하이를 '미래 아시아의 심장'이라 했다. 오늘 루자쭈이 전망대 위에서 그 말을 되뇌면, 푸동의 심장 박동이 손바닥에 그대로 전해진다.

그리고 알게 된다. 거대한 도시를 사랑한다는 것은 그 도시가 아직 쓰지 않은 이야기, 아직 지어지지 않은 건물, 아직 빚어지지 않은 예술까지도 함께 기다리는 일이라는 것을. 그 기다림이야말로, 푸동이 우리에게 건네는 가장 깊은 문화유산이자, 어떤 관광지도 대신할 수 없는 '떠날 이유'이자 '돌아올 이유'다.

上海浦东——城市的未来正在发生

清晨五点，当黄浦江东岸透出第一缕曙光，浦东便仿佛诞生为一个全新的宇宙。水波轻轻缝合黑夜，对岸浦西的西式立面与浦东的玻璃幕墙交错重叠，仿佛为城市装订了双层封面。而当你掀开这本书的扉页，便已开始一段逆流而上的时光之旅。

陆家嘴金融区的天际线，早已不再只是"中国的名片"，更成为了"未来建筑的词典"。自1994年建成以来，高达468米的东方明珠塔已经串起了三十年的天空；632米、128层的上海中心大厦则以螺旋玻璃鳞片旋转着，每分每秒引导气流绕道而行。最近重新开放的118层和119层观景台，从552米高空透过360度全景玻璃栏杆俯瞰黄浦江曲线，仿佛将一条金脉握在掌心。

每当夜晚降临，这两座摩天大楼的LED面板以不同节奏闪耀光辉，建筑便不再只是结构，而是一场交响乐。在这座城市的乐章中，浦东奏响序曲，江风短暂停顿后，使尖塔如铜管乐器

般回响。

　　往江南望去，一顶由红色斗拱层叠而成的"东方之冠"巍然屹立。这里曾是2010年上海世博会中国馆，如今是中华艺术宫。自2012年重新开放以来，每年吸引逾200万人前来探索，从民间绘画到数字艺术，人们在此破解着"中国式现代性"的谜题。这座覆盖绿色太阳能板的巨构，仿佛将"过去"与"未来"紧密相连，犹如一句话中的动词与宾语。

　　然而，浦东并不只是摩天楼的森林。从陆家嘴乘地铁两站，便是140公顷的世纪公园，它不仅是"城市的绿肺"，也是一个拥有七大主题区的绿色实验室。绕湖的5公里跑道上，周末总是婴儿车与轮滑交错；湿润的泥土小溪边，白鹭与绿头鸭轮番练习飞行。

在浦东南端的川沙，还藏着另一颗"行星"——2016年开园的上海迪士尼度假区。2023年12月，"疯狂动物城"主题区开放，游客再次佩戴起动物警徽；2025年5月，蜘蛛侠主题项目开工，孩子们早已为挥舞蛛丝跃跃欲试。根据后疫情时代的海外主题公园研究报告，迪士尼游客恢复速度排名全球前列，正因于此。

晚上九点，焰火秀落幕，"上海安色日"限时灯光巡游将光亮撒向江岸，陆家嘴的摩天大楼在辽阔夜空中再次换上绚丽外衣。

离开游乐园的热闹，在同一片川沙，还藏有一段静谧的历史：明代城墙悄然散发着砖瓦的气息。这条为防倭寇而筑的沿海古墙，如今已成为居民的散步路线和新人拍婚纱照的取景地。在东门附近的茶馆喝一杯茉莉花茶，仿佛翻开一段风景中的旧时光——"现代"这本厚重之书，在这里可以短暂合上。

穿过世纪大道东侧，张江科学城占地94平方公里，如同一块巨大的电路板，交织着400余家半导体、生物科技与人工智能研究机构。2024年9月，"浦江创新论坛"在被称为"未来知识之街"的海科路召开，吸引的不只是科学家，还有开始预订"校园参观游"的游客。在建设"比肩硅谷"的全球科技城市蓝图下，科技公司大厅旁的咖啡吧中，那杯拉出纳米芯片图案的拿铁，早已成为司空见惯的风景。

再往南驶入临港，你会遇见一座如漩涡星系般旋转的建筑——2021年开馆的上海天文馆，建筑面积4.2万平方米，是全球单体面积最大的天文馆。8K巨幕实时模拟星辰诞生，无穹顶的穹窿中，真实星空像无人机般旋转。其建筑理念"打破地球引力的曲线"本身就是隐喻——在宇宙弯曲之前，我们的想象力从不直线行进。

距天文馆仅10分钟，人工湖滴水湖以圆形水面将风紧紧收拢，进行着圆形呼吸。2025年5月，"临港遇见爱音乐会"点亮湖畔舞台，穹顶舞台与360度水上烟火将水天交界抹去。当无人机光影秀在夜空中画出一颗爱心，帆船划过其中心时，音乐、水光与风暂时构成一个分子结构般的整体。

即使在浦东的边缘，也不仅仅流淌着前沿科技。在惠南镇海沈村，每年秋天，村民用不同品种的稻谷织就一幅幅长达50米的"稻田画"。自2020年代起，这些稻画被更新为陆家嘴天际线图案，每逢周末，外国游客一家一家地乘旅游大巴涌入这片乡间。在像布裙一样展开的金色田野中，风放下喧嚣，回归最温柔的色调。

在城市飞速变化之际，浦东也策划巡展"农民画·传统工艺·沪剧",在小学教室里开展"竹制乐器"体验课。在被巨大LED屏包围的展馆走廊里,一幅幅纸工和民画静静悬挂,提醒人们:比线条本身更真实的,是那双绘画的手中仍存的体温,那才是真正的"模拟"。

浦东的地理,也在舌尖上被书写。黄浦江鲜蟹制成的生浸蟹、科学家加班后最爱的"机器人馄饨店"、临港海风中风干的青鱼烤片、以及街角的豆腐花——这座城市的坐标系统,并非经纬线,而是"咸香与清淡"之间的味觉频谱。

当夜晚对岸的霓虹如浪般翻涌,我忽然觉得浦东像一个"壳"。江水、江岸、尖塔、天文馆、稻田,一层层构成这座城市的外衣,而壳内依然孕育着无数未知的种子。130年前,孙中山称上海为"未来亚洲的心脏"。今日站在陆家嘴观景台上,那句誓言犹在耳边,浦东的脉搏在掌心清晰跳动。

那一刻我明白了:爱一座城市,并不仅仅是热爱它已经完成的模样,更是与它一起等待——等待那些尚未书写的故事、尚未建成的建筑、尚未诞生的艺术。而这份等待,正是浦东赠予我们的最深沉的文化遗产,亦是任何旅游指南无法替代的"离开的理由"与"归来的意义"。

인간의 품격

사람이 살아가면서 좋은 사람을 만나는 일은 행복한 일이다. 고약한 사람을 만나 인생이 어긋난 길에 들어서기도 하는 경우를 경험한 나는 새로운 사람을 만나게 되면 긴장하는 버릇이 있다. 시간이 지나서 이 사람과 나의 관계가 어떠할까를 걱정하기도 하고 기대에 찬 마음으로 한편으로는 설레이기도 한다.

중국에 와서 위축된 마음으로 사람들을 여럿 만나면서 이러한 마음은 여전했다. 사람의 마음은 열 길 물 속 같아 짐작할 수 없는 것이어서 앞으로 내가 만나는 사람과의 관계가 좋을지

나쁠지 두 가지 생각으로 사람들을 만나면서, 상대적으로 나 또한 누군가에게 좋은 인상을 주기 위해 진심으로 대하고자 하였다.

몇 번 만나지 않았지만 내가 만난 그녀는 나를 실망시키지 않고 좋은 관계를 가질 것으로 생각되었다. 사람은 오랜 경험을 통해 사람의

마음을 들여다볼 수 있다. 나보다 나이가 어려 동생뻘이지만, 병원에서 일하고 있는 그녀는 젊고 정숙한 여성이다. 언제나 나를 친언니처럼 대하고 있는 모습에서 왠지 마음이 갔다. 좋은 예감으로 우리는 자연스럽게 친자매같은 느낌이 들었다.

그녀는 남편과의 사이에 10대의 여자 아이 둘을 양육하고 있는 진실되고 열심히 자신의 삶을 살아가는 바른 성품을 지닌 사람이다.

지난주에 나는 그녀의 집에 갔다. 우리는 화이트와인과 따뜻한 차를 마시며 매우 편안하고 즐거운 시간을 보냈다. 내가 아직 중국어로 유창하게 소통할 수는 없어도 언어보다 더 사람의 마음을 움직이는 것은 진실된 태도이기에 참된 그녀의 눈빛과 목소리에서 나는 진심으로 맑은 영혼의 교감을 느꼈다.

무남독녀로 형제자매가 없는 나는 그녀를 동생으로 생각한다. 나는 그녀에게서 가족애를 느꼈다. 그녀의 부드러운 행동들은 남편과 두 자녀에게 훌륭한 아내와 어머니의 품격을 선물할 것으로 생각된다. 자신의 일을 성실하게 해내면서도 가정을 잘 관리하는 모습에서 나는 그녀를 존경한다. 특히 직장과 가정을 함께 잘 가꾸어가는 나는 그녀의 사회선배이지만 자신이 맡은 모든 일에 최선을 다하는 그녀에게서 많은 것을 배웠다. 특히 화목한 가정의 따뜻함과 부드러움에서 외아들을 홀로 키워온 나로서는 부러움의 대상이 되었고, 문득 결혼하고 싶은 마음을 들었다.

타국에서 온, 말이 잘 통하지 않는 나에게 베푼 그녀의 온정에서 인간의 품격과 더불어 인간관계의 훌륭함을 느낀 하루였다.

앞으로 더욱 친밀하고 뜨거운, 그리고 진실된 관계를 맺고 싶다.

人的品格

人在生活中遇见好人，是一种幸福。

我曾因遇人不淑而误入人生的岔路，从此在结识新朋友时总会不由自主地紧张。每每想象着随着时间推移，我与这个人的关系会如何，既有忧虑，也有期待，有时甚至怦然心动。

来到中国后，我依然带着一份拘谨的心情接触各种人。人的心如十丈深水，难以揣测，因此我在与人交往时常常一边怀着希望，一边又担忧可能会失望。也正因为如此，我总希望以真诚的态度对待他人，好给对方留下良好的印象。

虽然见面的次数不多，但我遇见的这位女士并没有让我失望，我想我们会建立起一段良好的关系。

一个人，若拥有丰富的经验，也能从中学会读懂人心。虽然她年纪比我小，是我妹妹辈的人，但她在医院工作，是一位年轻端庄的女性。她总是把我当作亲姐姐般对待，让我不由得对她产生了亲切之情。凭借这份美好的预感，我们自然地建立起如亲姐妹般的情感。

她与丈夫共同抚养着两个十几岁的女儿，是个正直而努力，踏实生活的人。

上周我去了她家，我们一边品着白葡萄酒和热茶，一边享受着轻松而愉快的时光。

虽然我中文尚不流利，难以顺畅交流，但打动人心的从来不只是语言，而是那份真诚。在她澄澈的眼神与温柔的声音中，我真切地感受到了纯净灵魂之间的共鸣。

我是独生女，没有兄弟姐妹，于是我将她视为自己的妹妹。在她身上，我感受到浓浓的亲情。她温婉的举止让我觉得，她一定是丈夫和两个孩子眼中最称职的妻子与母亲。她不仅在工作上认真负责，家庭管理也井井有条，这让我十分钦佩。虽然我在社会阅历上比她更资深，但她在每一件事情上都尽心尽力，让我从她身上学到很多。特别是她营造的温馨和睦的家庭氛围，令我这个独自抚养儿子长大的母亲心生羡慕，也让我突然萌生了想要结婚的念头。

在这异国他乡，语言不通的我感受到她给予的温暖和体贴，那一天，我真切地体会到了"人的品格"以及人与人之间高尚情谊的美好。

我希望，今后我们能建立起更加亲密、热烈而真诚的关系。

작은고모 생각

 세상에서 가장 소중한 것이 무엇인지를 생각해본다. 사람에 따라서 여러 가지가 있을 수 있지만 나는 '가족'이라고 생각한다. 가족은 사회 구성의 제일 작은 공동체이다. 그럼에도 불구하고 내게는 '가족'의 의미가 늘 커다랗게 다가온다. 나는 일찍이 부모님을 여읜 무남독녀 외동딸로 늘 부모님에 대한 그리움을 안고 살아왔다. 이런 나에게 작은고모가 곁에 있지 않았다면 어떻게 살았을지 생각하기도 싫다. 작은고모는 측은지심으로 나를 바라보며 부모님을 대신해 주셨다. 당신의 자식들인 나의 사촌형제들보다 더 살갑게 조카인 나를 친자식처럼 대해 주셨다.
 그러므로 내게 작은고모가 없는 세상은 아무런 의미가 없다. 부모님들이 세상을 떠난 뒤 작은고모는 언제부턴가부터 고모가 아닌 엄마였고, 나의 울타리가 되어 주셨다. 뿐만 아니라 나의 아들조차 핏덩이일 때부터 당신의 아들인 양, 친손주인 양 지금까지 정성껏 반듯하게 키워주셨다.

부모님이 안 계시고 형제가 없는, 외로운 내가 힘들 때마다 튼실한 버팀목이 되어 주셨다. 가만히 생각해 보니 구김살없이 내가 씩씩하게 세상을 살아가는 것은 모두가 작은고모라는 배경이 있었기 때문인 것 같아 이러한 은혜를 어떻게 보답해야 할지 잘 모르겠다.

지금은 연로하신 우리 작은고모, 젊은 시절부터 눈매 착한 우리 작은고모, 아버지 같고 어머니 같은 작은고모, 내 안식의 따스한 방 작은고모. 맛있는 김치를 담궈 밥상에 올리곤 하신 작은고모, 이제는 청춘의 뒤안길에서 잘 숙성되고 자애로운 미소로 내게 더운 밥상을 차려주시곤 한 작은고모, 작은고모를 생각하면 눈물이 난다.

언젠가 목욕탕에서 작은고모의 등을 민 적이 있다. 녹록한 세상의 무게를 짊어지고 가뭇없이 굽이굽이 머나먼 인생길을 돌아와 내게 내미는 등을 손으로 만지는 나는 고모의 수심을 씻겨내고 등에 찍힌 발자국에 고인 눈물을 닦아내려고 하였다. 고모의 삶은 소금밭 같았다. 파도치는 쓰라린 등에 하얗게 소금꽃이 피어 우리 가족의 상처에 약이 되곤 하였지만 당신의 등은 지게바작처럼 휘어지고 이가 빠지고 해어져 구멍에 찬바람이 드나들었어도 아직 어린 나를 키웠을 작은고모의 등은 여전히 내가 뛰어노는 운동장 같은 것이다.

나는 작은고모를 향해 나직히 "엄마"라고 불러본다. 참으로 오랜만에 불러보는 '엄마', 언제였는지도 모르는 까마득하게 잊혀진 '엄마'라는 말. 만약에 하느님이 계시다면 소원을 들어주실 것이다. 작은고모와 한날 한시에 두 손 꼭 잡고 눈을 감고 싶다. 그래서 오늘은 작은고모가 더욱 건강하게 오래 사시기를 기원한다. 그래야만 당신이 키워준 내 아들이 세상의 동량으로 성장하는 모습을 보실 수 있을 것이고, 내가 나의 꿈을 이루는 모습도 보실 수 있을 것이기 때문이다.

작은고모는 엄혹하고 매정한 세상의 태풍에서 피하지 못하였다. 눈매가 선한 까닭이다. 세상의 속셈을 계산하지 못하였기 때문이다. 이런 사람을 세상은 그냥 놔두지 않았다. 그러나 굴곡진 세상살이가 고단하여도, 세상이 작은고모를 힘들게 하여도 작은고모는 늘 세상을 나무라지 않고 타이르곤 하였다.

내가 제주도에서 살 때, 객지에서 머무를 때 작은고모는 안부전화를 하시곤 했다. 밥 굶을 일 없는 세상이지만 "밥 잘 챙겨 먹어라" "힘들면 집으로 돌아오거라" 하고 뜨거운 목소리로 내게 위로와 희망을 전하곤 하였다.

낯선 중국에 와서 '가족'이라는 말이 더욱 간절하다. 외로워서, 사람이 그리워서 사람들과 친구가 되고자 하는 것은 천성적으로 가족이 그립기 때문이다. 저녁 무렵 숙소에 돌아와 미치게 보고 싶은 작은고모의 얼굴이 어른거리기 때문이다. 오늘은 작은고모의 얼굴을 떠올리며 가만히 불러본다.

"엄마!"

想念小姑姑

我常常思考，世上最珍贵的东西是什么。对不同的人来说答案可能各不相同，但对我而言，是"家人"。家庭是社会最小的共同体，然而对我来说，"家"的份量却始终沉甸甸的。

我很早便失去父母，作为独生女一直怀着对他们的思念生活。如果当时没有小姑姑陪在我身边，我甚至不敢想象自己该怎样活下去。小姑姑用怜爱的目光看着我，代替我的父母；她对我这个侄女，比对自己的孩子——我的堂兄妹们——还要亲，把我当作亲生女儿一样疼爱。

因此，对我来说，没有小姑姑的世界毫无意义。父母去世后，小姑姑不再只是姑姑，而是成了我的妈妈，成了庇护我的围篱。甚至连我的儿子，从襁褓时期开始，她都像亲生儿子、亲孙子般悉心抚养。

在失去父母、没有兄弟姐妹的孤单岁月里，每当我艰难时，她都是坚实的支柱。仔细想来，我能无忧无虑、勇敢地面对世界，全赖背后有小姑姑。我却不知该如何报答这份深恩。

如今的小姑姑已然年迈；从年轻时起，她温柔的目光就未曾改变。她像父亲，也像母亲，更像我心中温暖的栖身之所。她曾把自己腌好的泡菜端上餐桌；如今在青春远去的背影里，她以更醇厚的慈爱微笑，为我端来热腾腾的饭菜。每当想起她，我便潸然泪下。

曾经在澡堂里，我替小姑姑搓过背。抚摸着那背负尘世重量、经岁月曲折而向我伸来的背，我想为她洗去忧愁，拭去深深脚印中积下的泪水。她的人生仿佛盐田，汹涌的痛苦在背上开出白色盐花，化作疗愈我们家人伤口的药。然而那背脊，如沉重的扁担般弯曲，牙齿脱落，衣衫破旧，寒风从洞口吹进；即使如此，那曾背着年幼的我长大的小姑姑的背，对我而言依旧是让我奔跑的操场。

我轻声呼唤小姑姑："妈妈。"这是久违的"妈妈"，久远得几乎想不起上一次何时说过。如果真有上帝，我的愿望是：在同一天、同一刻，与小姑姑紧紧握着双手闭上眼睛。因此，今天我祈愿她更加健康、长寿，这样她才能看到她一手抚养长大的我的儿子成为社会栋梁，也能见证我实现梦想的模样。

小姑姑未能躲过严酷无情的世道台风，只因她目光善良、不懂世事算计。这样的好人，世界往往不会轻易放过。但纵使坎坷生活劳累，世界刁难她，她却从不抱怨，只是温声劝慰。

当我住在济州，或在外地漂泊时，小姑姑常打电话问候。虽说如今不至于挨饿，她却总是热切叮嘱："要好好吃饭""累了就回家"，用炽热的声音给我安慰与希望。

来到陌生的中国后，"家人"二字对我愈发迫切。孤单、思念人群而想与人做朋友，本质上是想念家。傍晚回到宿舍，疯狂地想见小姑姑的面容在眼前浮现。今天，我想起她的脸，轻声呼唤——

"妈妈！"

사랑하는 아들에게

여느 때와는 달리 오늘은 유난히 지치고 고되구나. 눈을 감고 잠시 쉬고 싶었던 그 때, 너의 모습이 갑자기 내 머릿속에 선명하게 들어온 것 같았단다.

내 아들아! 그래, 지친 엄마를 위무(慰撫)해줄 수 있고, 엄마의 마음을 다시 바람처럼 가볍게 해줄 수 있는 것은 단지 너뿐이고, 오직 너뿐이란다.

아들아! 엄마는 늘 너에게 미안함을 가득 품고 있고 또한 늘 죄책감으로 가책을 느낀단다. 꿈을 포기할 수 없기 때문에 너와 마땅히 함께 보내야 하는 시간을 너무 많이 놓쳤어. 그 외로운 날 동안 너는 얼마나 많은 적막과 외로움을 참았을까? 힘들 때는 아무한테도 말하지 못하고 혼자 묵묵히 버텨야했고, 인내

해야 했겠지.

　이 모든 것을 생각하면 엄마는 가슴이 찢어지는 것과 같은 고통과 부끄러움과 슬픔이 밀려온다.

　이런 솔직한 마음조차도 나는 너에게 털어놓을 수 없었는데, 엄마의 서툴고 고집스러운 성격 때문이었단다.

　하지만 오늘은 용기를 내어 이 말들을 적어 너에게 전하고 싶어.

　아들,
　이 세상의 부모들은 마음이 모두 비슷하겠지.

　엄마 마음속에서 너는 그 어떤 것보다 소중하고 대체할 수 없는 존재이며 내 삶의 전부란다.

　네가 엄마의 생명으로 잉태했을 때, 나는 세상을 다 가졌다고 느꼈어.

　지금 이 편지를 쓰면서도 너를 낳았던 것이 엄마 인생에서 가장 잘한 일이었다는 것을 여전히 아주 깊이 뼈저리게 느끼고 있단다.

　너를 보면 밥을 먹지 않아도 배부르고, 너를 보면 입가에 미소가 머무른단다. 이것이 사랑이라고 생각한다.

옹알거리며 말을 배우고 비틀거리며 걸음마를 하는 작은 모습이 이제는 20세 대학생으로 성장했구나.

너는 내년에 나라를 지키는 여정에 오를 거야.

엄마는 안심하지 못하고 네가 낯설고 혹독한 곳에서 고생할까 봐 늘 걱정이란다. 하지만 엄마도 너를 믿을 거야. 쭉 그래왔듯이 늘 너를 굳게 믿는다. 나는 네가 국방의 의무를 잘 이행하고 무사히 돌아올 것이라고 믿는다.

그때가 되면 너는 아마도 상냥한 여자를 만나 결혼이라는 전당에 들어갈 수도 있겠지? 생각만 해도 엄마는 꿈만 같다. 다만, 그때 내가 너의 곁에 있을 수 있을까?

엄마는 네가 신랑 예복을 입은 모습을 직접 보게 해 달라고 다시 한 번 마음속으로 하나님께 기도했단다.

사랑하는 아들아,

엄마가 오랫동안 네가 혼자 외로움을 견디게 한 것을 용서해 주길 바란다.

하지만 한 가지, 엄마가 망설임 없이 너에게 자신있게 말할 수 있어.

비록 너에게 미안함을 느끼지만, 엄마는 정말 긴 시간 동안 열심히 최선을 다하며 살아왔단다.

 만약 이 점을 네가 조금이라도 인정해준다면 엄마는 만족할 거야.

 혹시 엄마가 한 말이 네 마음속에 완전히 들어가지 못할 수도 있지만. 엄마가 너를 진심으로 사랑하듯이, 너도 엄마를 계속 사랑하기를 바란다. 그래 줄래?

 사랑해, 사랑하는 아들.

亲爱的儿子

与往常不同，今天格外疲惫、格外辛苦。就在我想闭上眼睛稍作休息的那一瞬间，你的模样突然清晰地浮现在我的脑海里。

我的儿子啊！是的，能安慰这位疲惫的妈妈、让妈妈的心再次像风一样轻盈的，只有你，唯有你。

孩子啊！妈妈一直对你满怀歉意，也始终被愧疚感折磨。因为无法放弃自己的梦想，我错过了太多本该与你共度的时光。在那些孤单的日子里，你忍受了多少寂静与孤独？困难时又无法向任何人诉说，只能一个人默默撑着、忍耐吧。

一想到这些，妈妈的心就像被撕裂般疼痛，羞愧与悲伤一并涌上心头。

连这样坦诚的心情，我都没能向你倾诉，只因妈妈笨拙而固执的性格。

然而今天，我鼓起勇气，把这些话写下来，想要告诉你。

儿子，

世上所有的父母心意大概都差不多吧。

在妈妈心里，你是比任何事物都珍贵、无法替代的存在，也是我生命的全部。

当你在妈妈的身体里孕育时，我觉得自己拥有了整个世界。

现在写这封信时，我仍深切地感到，把你生下来是妈妈一生中做得最正确的事。

看见你，即使不吃饭也觉得饱；看见你，嘴角就会挂上笑容。我想这就是爱。

曾经呀呀学语、跟跄学步的小小身影，如今已经成长为20岁的大学生了。

明年你将踏上保家卫国的征程。

妈妈总放心不下，担心你在陌生而艰苦的地方吃苦。但妈妈也会相信你，像一直以来那样坚定地相信你。

我相信你会圆满完成国防义务，平安归来。

到那时，你也许会遇到温柔的女孩，走进婚姻的殿堂吧？光是想想，妈妈就像做梦一样。

只是，那时我还能在你身边吗？

妈妈再次在心里向上帝祈祷，求祂让我亲眼看到你穿上新郎礼服的样子。

亲爱的儿子，

妈妈希望你能原谅我，这么久以来让你独自承受孤独。

不过有一件事，妈妈可以毫不犹豫、充满自信地告诉你：

虽然对你心怀歉意，但这么长的岁月里，妈妈始终拼尽全力认真生活。

如果你能哪怕一点点认可这一点，妈妈就已经心满意足了。

或许妈妈的话并不能完全进入你的心里，但就像妈妈真心爱你一样，也希望你能一直爱着妈妈，好吗？

爱你，亲爱的儿子。

제2부

설을 맞는 마음
迎接春节的心情

자랑스러운 내 조국 – 대한민국

　2024년 12월 3일, 나는 중국에서 조국에서 일어난 비상계엄에 깜짝 놀랐다. 한국은 제2차 세계대전이 끝나고 일제로부터 나라를 되찾았지만 한국전쟁을 겪은 뒤 온 나라가 폐허가 되어 국제사회가 '한국은 더 이상 발전하기 어려운 나라'라고 절망했지만, 1945년 이후 세계에서 유일하게 선진국으로 도약한 나라가 되었다. 그런데 이러한 자긍심도 12월 3일에 윤석열 대통령의 탐욕에 의해 도저히 있을 수 없는 일이 일어났다. 세계 10위의 경제대국에서 내란이 일어날 것이라고는 전혀 예상하지 못했다.

　한국은 그동안 민주주의를 쟁취하기 위해 수많은 사람들의 피를 보았다. 그러므로 한국의 민주주의는 피를 먹고 자랐다고 볼 수 있다. 그런 까닭에 시민들은 내란사태에 도저히 참을 수 없어 내란의 현장인 국회로 달려갔다. 국회의원들은 죽음을 무릅쓰고 시민들과 힘을 모았고, 국회 담장을 넘어가 비상계엄해제를 의결하였다.

이렇듯 용기있는 시민과 국회의원들이 계엄을 해제한 것은 45년 전에 일어난 광주민중항쟁의 기억 때문이다. 과거의 역사가 현재의 위기를 극복한 것이다. 당시 내려진 비상계엄에 항거하기 위해 광주시민들이 맨손으로 군부에 맞서 싸우다가 많은 사람들이 죽고, 부상당하고, 투옥되었다. 이러한 광주시민들의 비극을 기억한 시민과 국회의원들은 12월 3일의 내란사태에 다시는 광주의 상처와 희생을 되풀이 하지 않기 위해 국회를 봉쇄한 군인들에게 저항하였다.

한국은 근현대사에서 독재정권에 항거하고 싸워 마침내 경제개발은 물론 민주주의를 쟁취하였다. 그 동안 세계 각처에서 일어난 시민저항운동은 대부분 성공하지 못하고 국민은 여전히 독재치하에서 살고 있다.

나는 유소년기를 보내고 학교를 다녔던 광주에서 광주민주항쟁은 물론 그 이후 우리나라 민주주의 투쟁사를 보고 성장하였다. 소수의 정치인들의 탐욕에 의해 민주주의를 짓밟은 역사를 되풀이하지 않겠다는 생각을 한국사람들은 모두 갖고 있다.

그런데 12월 3일에 일어난 불법 계엄사태 소식을 중국에서 들은 나는 몸둘 바를 모르고 왜곡된 대통령의 조치에 치를 떨었다. 우리나라의 근현대사를 잘 모르는 중국 사람들이 많은 걱정을 하고 불행한 사태로 인식하는 것을 보았다. 그러나 나는 주권의식을 가진 훌륭한 시민들에 의해 잘못된 대통령과 내란에 가담한 군인들을 응징할 것이라고 확신하였다.

배고픈 것은 참을 수 있지만 인권이 유린되는 것은 도저히 참을 수 없는 우리나라 시민의식은 한국의 경제와 민주주의를 튼실한 토대 위에 올려놓았다고 생각한다. 경제가 더욱 융성하기 위해서는 민주주의가 그 바탕이 되기 때문이다. 1960년 이후 5·16군사쿠데타로 정권을 잡은 박정희 개발독재는 경제를 발전시켰지만 어느 수준에서 더 이상 경제대국으로 도약할 수 없음을 깨달았다. 1980년 광주민중항쟁으로 회복한 민주주의는 정의롭고, 모든 시민이 잘 사는 인권이 보장된 나라를 만들기 위해 마침내 1987년 이른바 6·29선언이라는 군사정부의 항복선언을 쟁취하기에 이르렀다.

이러한 민주주의를 향한 열정은 시민 개인의 자유와 인권을 회복하여 시민이 주인인 나라를 완성하는 힘으로 작용하였다. 국가가 몇몇 정치지도자에게 휘둘리는 나라는 경제적 발전의 한계에 봉착한다는 것을 잘 알기 때문에 이번 내란사태에 시민들이 죽음을 불사하고 국회에 진입한 탱크를 막아섰던 것이다.

오늘날 한국의 이른바 K-컬쳐가 세계적으로 크게 융성하는 것은 일제강점기의 도산 안창호 선생이 부르짖었던 말을 되새기게 한다. 안창호 선생은 "문화가 없는 민족은 미개인이다. 나라가 융성하려면 문화가 강성해야 한다"고 하였다. 그리고 "청년이 살아있어야

민족의 미래가 밝아진다"고도 하였다. 문화가 융성하기 위해서는 청년들의 의식이 깨어나야 한다고 하였다.

예로부터 문화민족으로서의 한국은 찬란한 문명과 문화를 발전시켜 왔다. 그것을 잊지 않은 한국인은 먼저 민주주의를 지켜야 한다고 생각해왔던 것이다.

이제 12월 3일의 불법 비상계엄을 단죄하기 위해 내란 수괴 윤석열을 탄핵하고 구속시켰다. 그리고 새로운 대통령을 국민의 손으로 뽑고 밝은 내일로 향하고 있다. 단 6개월 만에 일어난 일이다. 세계 역사에서 이처럼 무혈혁명을 통해 시민의 주권으로 나라를 바로 잡은 나라는 매우 드문 일이다. 우리는 신속한 민주주의 회복력을 가진 현명한 민족으로 이를 가능하게 한 것은 문화민족이기 때문이다.

이제 내란을 일으킨 세력들을 단죄하는 시간이다. 샅샅이 들여다보며 국헌을 뒤흔든 자들도 모두 찾아내어 죄를 물어야 한다. 그리고 내란과 우환을 일으킨 자들은 절대 사면이 없다는 것을 역사의 교훈으로 남길 때 더 이상 비극적인 상황은 일어나지 못할 것이다.

대한민국이 강대국 사이에서도 수천년 융성할 수 있었던 힘은 투철한 시민의식과 문화적 융성이다. 12월 3일의 내란사태를 전화위복이라고 생각하고 이러한 역사를 기억해야 한다. 내 조국 대한민국이 자랑스럽다.

自豪的祖国 - 大韩民国

2024年12月3日,我身在中国,却被祖国突如其来的紧急戒严震惊了。韩国在第二次世界大战结束后从日本殖民统治下光复,又经历了朝鲜战争,全国化为废墟,国际社会曾悲观地断言"韩国难以再发展"。然而,1945年以后,韩国成为世界上唯一跃升为发达国家的例子。可就在12月3日,尹锡悦总统的贪欲导致了难以想象的事态:在世界第十大的经济强国里竟爆发了内乱,这是任何人都未曾预料到的。

为了争取民主,韩国人民曾流过无数鲜血,可以说韩国的民主是以血为养分成长起来的。因此,面对内乱,公民们无法忍受,奔向内乱现场——国会。议员们不顾生死与市民合力,翻越国会围墙,通过了解除戒严的决议。

勇敢的市民与议员能够解除戒严，是因为45年前光州民主化运动的记忆。过去的历史帮助我们克服了当下的危机。当年，为抗议戒严，光州市民徒手对抗军方，许多人死伤、被捕。铭记这一悲剧的市民与议员，在12月3日的内乱中，为避免重蹈光州的伤痛，奋起抵抗封锁国会的军队。

在近现代史上，韩国人民抗击独裁，最终不仅实现了经济发展，也赢得了民主。然而世界各地的公民抵抗运动大多未能成功，人民仍生活在独裁之下。

我在度过少年时期、上学的光州，亲眼目睹了光州民主化运动以及之后的民主斗争史。所有韩国人都怀有不让少数政治人物的贪欲再次践踏民主的信念。

因此，当我在中国听到12月3日非法戒严的消息时，既无地自容，也对被扭曲的总统举措感到愤怒。我看到不了解韩国近现代史的中国人对此深感忧虑，把它视为不幸的事态。但我深信，具有主权意识的优秀市民必将惩罚错误的总统与参与内乱的军人。

忍受饥饿尚可，忍受人权被践踏却绝不可。正是这种公民意识，让韩国的经济与民主奠定了坚实的基础。要使经济更加繁荣，民主必须成为根基。1960年后，朴正熙通过5·16军事政变掌权的开发独裁的确推动了经济，但也认识到在某一阶段难以再进一步。1980年光州民众抗争恢复的民主，以1987年被称为"6·29宣言"的军政府投降宣言为标志，终于迈向了建设一个公正、保障所有市民人权、人人富足的国家。

对民主的热情成了恢复个人自由与人权、实现公民当家作主的力量。人们深知，一个被少数政治领袖摆布的国家终会在经济发展上遭遇瓶颈，因此在这次内乱中，市民们不惜以死相搏，挡在开进国会的坦克面前。

今日所谓"K－文化"风靡全球，让人想起日据时期独立运动家安昌浩先生的呼吁。安先生说："没有文化的民族是未开化的民族；国家要兴盛，文化必须强盛。"他还说："青年要活跃，民族的未来才光明。"要让文化昌盛，青年意识必须觉醒。

自古以来，作为文化民族的韩国不断发展灿烂的文明与文化。铭记这一点的韩国人始终认为，首先要守护民主。

如今，为追究12月3日非法戒严的罪责，内乱首恶尹锡悦已被弹劾并拘押。人民亲手选出了新的总统，迈向光明的明天。这一切仅在六个月内完成。放眼世界历史，通过不流血革命、以公民主权迅速纠正国家方向的例子寥寥无几。我们拥有迅速恢复民主的智慧民族，这正是文化民族才能成就的壮举。

现在，是惩处发动内乱势力的时候了。要彻查所有动摇国宪者，追究其罪行。必须让制造内乱与祸乱者绝无赦免，以此作为历史的教训，才能杜绝悲剧重演。

大韩民国能在列强夹缝中繁衍数千年，靠的是彻底的公民意识和文化昌盛。把12月3日的内乱视为转祸为福的机遇，铭记这段历史。我的祖国，大韩民国，令人自豪。

설을 맞는 마음

며칠 후면 설이다. 그동안 시대의 흐름에 우리 민족 최대의 명절인 설의 풍속도와 설의 의미가 많이 변한 것이 사실이다. 시대가 변하면서 세시풍속도 그 시대에 맞게 변하기 마련이지만 내 유년의 설을 떠올리다가 오늘날 우리가 지내는 설을 생각하면 왠지 씁쓸한 마음 감출 길이 없다.

본래 설이란 '근신(勤愼)하다' 즉 '삼가한다'는 의미를 가지고 있다. 말과 행동을 예법에 맞지 않게 하는 것을 삼가고, 깨끗하고 새로운 마음으로 새로운 한 해를 시작한다는 다짐이 포함된 것이다. 더불어 국가와 집안의 안녕을 기원하는 의식을 행하므로서 한 해를 잘 보내겠다는 의지를 새겼다.

그러나 생각해보면 오늘날 얼마나 많은 사람들이 지난날 선조들이 가졌던 설의 의미를 되새기며 설을 지내는지 의심스럽다. 진정 언행을 조심스럽게 하여 몸과 마음을 깨끗하고 새로운 마음으로 한

해를 보내겠다는 새해 첫날의 다짐이 있었다면, 오늘날 우리나라 구석구석에 만연한 부정부패와 사건사고는 줄일 수 있었을 것이다. 대부분의 부정부패와 사건사고는 돈에서 비롯된 것들이다. 물질에 대한 검은 탐욕으로 얼룩진 오늘날, 열심히 일하면서도 허덕이며 살아가는 대다수 선량한 국민들의 원성은 이제 더 물러설 수 없는 벼랑 끝에 몰려, 옛날 같으면 민란이라도 일어날 판이다.

이제는 전통 설의 세시풍속이 많이 단절되었지만 옛날엔 섣달 그믐이 되면 아이들은 새해에 입을 색동까치옷을 미리 입고 어른들을 찾아다니며 "과세 안녕히 하십시오"하고 묵은 세배를 드려 까치설날이라 하였다.

설날 아침이 되면 자손들은 조상의 산소를 찾아가 성묘를 하였다. 차례와 마찬가지로 일찍 장만한 음식을 묘 앞에 차려놓고 조상께 새해 인사를 드리는 것이다. 요즘엔 음식을 제대로 장만하지 않고 성묘도 다니지 않는 경우가 많아졌다. 겨우 집안 어른들께 세배하는 정도가 그나마 남아있다. 아이들 또한 '염불보다는 잿밥'이라고 세뱃돈에 더 관심이 큰 것이 사실이다. 모든 것이 편의주의와 물질에 함몰되어 본래 설의 의미를 퇴색시키고 있다.

이렇듯 설이 왜곡되기 시작한 것은 시간에 쫓기듯 바쁘게 사는 시대환경의 변화와 여러 가지 복잡한 격식을 귀찮게 여기는 세태가 반영된 까닭이다. 또한 80년대 군부독재세력들이 설을 배척한 이유에서도 찾을 수 있다. 이중과세를 막기 위해 양력 1월 1일을 설이라 하고 설을 구정, 또는 아무런 개념도 없는 '민속의 날'로 지정했기 때문이다. 다시 말해 우리의 전통과 조상이 숨결이 배인 설의 의미를 약화시킨 것 또한 오늘날 설의 의미를 퇴색시킨 하나의 원인이 되었던 것이다.

사실 우리 민족처럼 민족의 대이동이라고 할 정도로 명절을 고향에서 보내겠다고 고향을 찾아가는 민족도 드물다고 한다. 이러한 힘은 우리 민족이 오랫동안 한반도에서 고유한 독립국가로 발전하게 한 원동력이 되었다고 생각된다. 그러나 어찌보면 갈수록 빈 껍데기 뿐인 하나의 연례행사가 아닌가 길이 생각해 봐야 할 것이다. 진실로 설의 의미를 새기고 후손들에게 본래 설의 취지를 가르쳐 오늘에 맞는 바람직한 설 의례, 설 세시풍속으로 발전시켜야 한다. 아무리 현대사회가 핵가족화 되어 성장하면 대부분 집을 떠나 산다고 할지라도 농경사회 시절 우리 민족이 지녔던 아름다운 전통과 미풍양속은 전승 발전시켜야 한다.

그러나 오늘날은 설이 돌아와도 설 같지가 않다. 유년에 "몇 밤만 지나면 설이야?" 하고 설을 기다리던 설레임이 사라져 버렸다. 그것은 세상이 변했기 때문이며 물질의 풍요로움이 넘치기 때문일 것이다.

아니, 생각해보면 설을 맞는 마음이 변해버렸기 때문일지도 모른다. 그것은 정신없이 바쁘게 살아가면서 자연스럽게 설이 지닌 우리 민족의 역사성과 정체성을 서서히 잃어가기 때문일 것이다.

　이제는 굶지 않고 살만한 세상이어서 이웃집에서도 쿵더쿵, 우리 집에서도 쿵더쿵 하던 떡쌀 찧는 방앗소리를 기다리지는 않지만, 풍요로운 세상이어도 마음 또한 넉넉한 인심과 새로운 마음으로 새로운 해를 경건하고 신성하게 맞도록 하자. 그래서 그 첫마음 한 해가 다 가도록 잘 간직하도록 하자. 그러한 마음이 부정부패와 사건사고, 그리고 침체의 늪에서 발버둥치는 우리 경제를 살리는 힘이 되고, 우리 민족이 세계 속에서 우뚝 웅비하는 21세기가 되도록 해야겠다.

迎接春节的心情

再过几天就是春节了。不得不承认,随着时代的变迁,我们民族最重要的传统节日——春节,其风俗和意义也发生了诸多变化。虽然岁时风俗理应随着时代发展而调整,但当我回忆起童年时的春节,再想想我们如今的过年方式,心中总有一丝淡淡的惆怅难以掩藏。

"春节"原本蕴含着"勤慎"之意,即言行举止要谨慎有礼,以洁净而崭新的心态迎接新的一年。这一天,也包括举行祭祀仪式,为国家和家庭的平安祈愿,以表达一年顺利度过的决心。

但回过头来看,当今有多少人会真正体会先祖在过年时所赋予的精神内涵呢?如果人们在新年的第一天都能怀着谨慎言行、净化心灵的决心来度日,也许如今我们国家各个角落所频发的腐败与丑闻事件就能有所减少。这些问题的根源大多源于金钱,是对物质的贪婪所致。而如今,许多勤劳善良却仍在辛苦度日的百姓已濒临忍耐的边缘,若是古时,恐怕早已爆发民变了。

虽然如今许多传统的春节风俗已经中断,但在过去,除夕夜孩子们会穿上新年要穿的彩色韩服,挨家挨户给长辈们拜年,称之为"喜鹊新年"。而正月初一早晨,子孙们会前往祖坟扫墓,就像祭祀一样,将提前准备好的供品摆在墓前,向祖先致以新年的问候。如今,许多家庭连扫墓都省去了,最多也只是给家中长辈行个礼,甚至孩子们更在意的是压岁钱,而非仪式本身的意义。

一切都在便利主义和物质主义中逐渐淡化,春节本有的精神也随之消退。春节的异化,除了现代人快节奏生活的环境和人们对繁文缛节的厌倦之外,还可以追溯到上世纪80年代军政府对春节的排斥政策。当时为避免重复纳税,将阳历1月1日规定为"新年",而把农历新年贬为"旧正"或干脆称为"民俗日",无形中削弱了我们祖先传承下来的传统节日意义。

事实上,像我们民族这样,每逢佳节便有大规模返乡潮、坚守"回家过年"的民族是极为罕见的。这种凝聚力,正是我们民族长期以来在韩半岛上得以建立独立国家的根基所在。然而如今的春节,是否正变成一个只剩空壳的年度仪式?这是我们需要深思的问题。

我们应当重新赋予春节应有的意义,并将其正确地传授给后代,使之发展为符合现代生活的风俗礼仪。无论现代社会如何核心家庭化,即使大多数人远离故乡生活,我们民族在农业社会时期所培育的美好传统和风尚都应被继承与发扬。

然而，如今即便春节来临，也不再有"再过几晚就过年啦"的那份童年期待。这是因为世界变了，物质过于丰盈了——不，也许更准确地说，是我们"迎接春节的心"已经改变了。

那份改变，是在我们忙碌而混乱的生活中，不知不觉逐渐丧失了春节所承载的民族历史感与文化认同感所致。

如今虽然不再像过去那样期待邻里间此起彼伏的年糕声响，但哪怕在物质充裕的时代，也愿我们以更宽广的胸怀和崭新的心境，庄重而虔诚地迎接新的一年。并将那份"初心"延续整整一年，不忘初心，方得始终。

那样的心境，才是拯救我们陷于腐败、事件频发、经济低迷的今日社会的真正力量。愿我们的民族在新的一年里振翅高飞，屹立于世界之林。

새로운 시간, 새로운 마음

해마다 우리는 이맘 때쯤 새로운 다짐을 한다. 우리 마음속에 있는 관념에 '새'라는 형용사를 붙이며 보다 나은 가치를 꿈꾼다. 이를테면 '새 마음' '새 목표' '새로운 세상' '새로운 사람' 등 기존의 삶의 태도를 일신하고자 '새로움'의 방향을 바라보고자 한다. 그러나 새아침의 다짐은 시간이 갈수록 퇴색되어 가는 경우가 더 많다. 그래도 우리는 이 아침에 또다시 다짐을 해야 한다.

지난 며칠 동안 한 해를 보내는 끝자락 어귀에서 삼겹살을 굽고 술을 따르며 한 해의 노고와 피로를 씻기 위해 흥청망청 취해 있었다. 이제 정신을 차리고 지난 며칠 동안의 혼몽했던 정신을 가다듬고 마음 속의 산에 올라 지상을 바라보자.

산 위에서 바라보는 사람이 사는 마을엔 평화롭게 밥짓는 연기가 폴폴 솟아오른다. 눈덮힌 지붕 아래에선 가족이 오순도순 앉아 저녁 식사라도 하는걸까? 그러나 산 위에서 바라보는 도시에서 아직도 술에 취해 깨어나지 못한 취객들이 쓰러져 있다. 번화가엔 새벽이 되도록 젊은이들이 청춘을 함부로 탕진하고 있고 휘황한 불빛 아래에는 신사들이 길을 잃고 술을 따르고 있다.

밤이면 온 도시가 술에 취해 제 몸을 가누지 못하는 세태가 자못 씁쓸하고 부끄럽다는 생각이 자주 드는 요즈음이다. 최소한 새해를 맞는 신성한 의식으로 우리는 마음을 다잡고 한 해의 출발선에서 희망과 기쁨과 행복이 있는 지점을 바라보아야 한다.

어떤 분은 일년 중 1월부터 3월까지는 술을 마시지 않는다고 했다. 술자리에 참석하데 술을 마시지 않는 그의 의식은 연례행사가 되어 나중에는 새해를 맞는 자신만의 의식이 되었다. 그래서 그를 아는 사람들은 연초에는 그에게 술을 권하지 않았다.

그는 의사였다. 그래서 과음이 몸에 어떻게 해로운지를 잘 알고 있었다. 그래서 1년 동안 노동과 술에 지친 자신의 몸에게 미안하여 자신을 사랑하는 방법으로 석 달 동안 술을 마시지 않는다고 했다. 우리는 산도 몇 년 동안 출입을 통제하여 숲이 생명을 되찾고 활력을 불어넣어주기도 한다. 사람의 몸도 마찬가지인 것이다. 그가 석 달 동안 금주하는 가장 큰 이유는 연말연시에 흐트러지기 쉬운 정신을 올곧게 바로 잡으려는 데 있다. 새로운 다짐과 각오로 새롭게 한 해를 시작하려 하기 때문이다.

사람들은 새해 언저리에서 '새'라는 형용사를 지치고 버거운 자신의 삶에 끌고와 붙인다. 희망을 꿈꾸기 때문이다.

우리가 술을 마시는 이유는 절망 속에서 자신을 아무렇게나 방치하기 위해서이기도 하지만, 지친 심신을 위로하고 새로운 에너지를 충전하기 위해 마신다. 그러나 우리나라의 음주문화는 술이 사람까지 마시는 경우가 허다해 술로 인해 교통사고를 내고, 사람과 사람의 관계가 망가지고, 자신의 몸과 마음을 쓰러뜨려 일생을 망치기도 한다.

우리나라 사람은 세계에서 가장 술을 많이 마시는 나라로 손꼽히고 있다. 그래서 그로 인한 각종 질병으로 사망하는 사람도 세계 정상급이다. 옛날 우리 조상들은 술에도 이름을 붙여 음주문화의 품격을 갖췄다. '귀밝이술(耳明酒)'이 그것이다. 술을 마심으로 인해 귀가 밝아진다는 뜻이니, 참으로 선비답다는 생각이 든다. 즉 남의 말을 잘 듣기 위해 마시는 술, 세상을 잘 보기 위해 마시는 술, 인생을 올바르게 잘 가기 위해 마시는 술 등 술을 함부로 마시지 않고, 구경적 삶을 지향하기 위해 술을 마셨던 것이다.

이제 지난 며칠 동안 '망년회'를 한다고 마셨던 술에서 깨어나 새로운 날을 바라보아야 한다. 해마다 하는 다짐이지만 또다시 다짐을 하자. '새'라는 형용사를 자신의 결핍과 꿈 옆에 붙여보도록 하자. 이를테면 '담배를 끊겠다' '금주를 하겠다' '적금을 붓겠다' '건강을 위해 많이 걸어야겠다' '집에 일찍 들어가겠다'를 위해, '새 목표'를 세우고, '새 마음'으로 '새로운 세상' '새로운 사람'이 되겠다고 자신과 약속하기 좋은 때가 바로 지금이다.

新的时间，新的心境

每到这个时节，我们都会立下新年的誓言。在内心的愿望前加上"新"这个形容词，来追求更高的价值。譬如"新心态""新目标""新世界""新的人"，意在更新我们原有的生活态度，朝向"新"的方向迈进。然而，这份清晨的誓言，往往随着时间的流逝而逐渐褪色。尽管如此，我们仍应在这个清晨，再次作出新的决定。

过去几天，我们在辞旧迎新的年末，烤着五花肉、举杯畅饮，沉醉于忘却一年辛劳与疲惫的热闹气氛中。如今，该是我们清醒过来、整理这几天昏沉心绪的时刻，登上内心之山，俯瞰人间。

站在山顶眺望人们生活的村庄，袅袅炊烟升起，一派平和。雪覆屋檐之下，或许一家人正围坐共进晚餐吧？但在山上望向城市时，却看到仍未从醉意中苏醒的酩酊者倒卧街头。繁华街头，青年人将青春肆意挥霍至清晨，绚丽灯光下，西装革履的男士们仍迷失在酒精与宴席之间。

夜晚整座城市仿佛都沉醉在酒中，这般景象令人苦涩，也令人羞愧。至少，在迎接新年的神圣时刻，我们应调整心态，从新年的起跑线上凝望希望、喜悦与幸福所在之处。

我认识的一位医生，每年从一月到三月都滴酒不沾。他仍会赴酒宴，但从不饮酒。这份自律早已成为他的年度仪式，也成为他迎接新年的方式。因此，熟知他的人在年初时都不会劝他饮酒。

他说，作为医生，他深知酒精对身体的危害。过去一年辛劳奔波、饮酒应酬让他感到对不起自己的身体，于是以不饮酒三个月的方式来表达对自己的爱护。他说，正如一座山林若数年封山不入，便可恢复生机，人的身体也同理。他之所以禁酒三个月，最重要的目的，是为了在年末年初最容易懈怠的时刻，重新端正心志，以新的决心和姿态开启新的一年。

人们常在新年将"新"这个字贴在疲惫不堪的生活上，因为他们心中仍怀有希望。

我们喝酒的原因，或许是为了在绝望中麻痹自己，也可能是为了慰藉疲惫的身心、充电赋能。然而，韩国的饮酒文化中，常常是"酒喝人"，酒后交通事故、人与人之间的关系破裂、身心受损、甚至毁掉一生的案例屡见不鲜。

韩国被视为全球饮酒量最高的国家之一，由此引发的疾病致死率也位居世界前列。古人对酒的态度却大不相同，他们甚至给酒起了别名，以此体现饮酒文化的品格，比如"耳明酒"——意思是喝了之后耳聪目明，真是儒雅之举。为了更好地倾听他人、看清世界、正道行事，先人从不滥饮，而是以酒为修身助力。

如今，该是我们从过去几天"忘年会"的醉酒中醒来、重新展望新一天的时候了。虽然这是一年又一年的誓言，但让我们再次许下承诺。让"新"这个字陪伴在我们心中那些尚未完成的梦想与缺口旁。例如："我要戒烟""我要戒酒""我要开始储蓄""我要为健康多走路""我要早回家"……现在正是立下"新目标"、怀着"新心境"、成为"新世界中的新我"的好时机。

고통은 향기로운 힘이다

"견딘다는 말 속에는 고통의 향기가 있다." 1년 중 가장 추운 들녘의 하얀 눈 속에 푸른 생명들이 고통을 견디고 있다. 나무들은 나뭇잎을 떨구고 추위에 떨면서도 생명을 키우며 봄을 기다리고 있다. 곤충들도 나뭇잎 속에 고치를 짓고 들어앉아 견디며 따스한 날을 손꼽아 기다리고 있다. 이 견딤이 생명체들의 진화의 과정이고 오랫동안 멸망하지 않고 생명을 이어온 힘이다. 그러므로 고통스럽지만 향기가 난다.

한 겨울이지만 시장에 가면 푸릇푸릇한 나물들은 향기롭다. 그리고 달디단 맛이 들어있다. 이 맛은 향기로운 고통의 맛이다. 제철에 나는 것들이 보약이라는 말처럼 그것들을 섭취함으로써 우리의 몸은 건강해진다.

험악한 환경 속에서도 살아있는 끈질긴 생명력은 아름답다. 이러한 우리의 현실이 어쩌면 천국이 아닐까. 주어진 환경에서 절망하지 않고 순응하며 그것을 극복하는 힘이 우리에게 희망을 주는 것이다.

겨울 산에 올라가서 바라보면 거대한 파도처럼 숲에 몰려와 부딪치는 바람소리를 들으면 언제 봄이 오겠는가 싶다가도 봄이 돌아오면 새록새록 여린 새싹을 내미는 나무들은 천하장사이다. 쉴새없이 몰아쳤던 대설주의보 속의 폭설을 한발짝도 물러서지 않고 고스란히 온 몸으로 받아냈기 때문이다. 그것을 이겨내지 못하고 비겁하게 생명을 포기하지 않았기에 장하고 위대하다.

서까래 하나, 대들보 하나, 심지어는 싸리빗자루 하나까지도 모두가 고통을 견뎌낸 결과물이다. 이렇듯 겨울이라는 극한 환경을 극복한 것들이어서 여린 가지 하나까지도 쉽게 생각하지 않는 마음이 필요하다.

아직 눈이 녹지 않은 담장 밑에서 자라는 푸르디 푸른 꽃무릇 이파리를 바라보면 정신이 번쩍 든다. 이것들은 마치 빙하기에서 시간여행 온 것 마냥 추울수록 자신들의 모습을 선명하게 하얀 눈을 배경으로 더욱 눈에 돋보인다.

얼핏 바라보면 겨울 들녘에 아무것도 없는 것처럼 보이지만 가까이 가서 들여다보면 새파랗게 보리가 자라고 있다. 바람 속에서 흔들리는 여린 이파리는 뜨거운 핏톨이 흐르고 오히려 허공에 칼질을 하고 있다.

인간의 삶도 마찬가지이다. 유년에 추운 날 학교에서 집으로 돌아올 때 쯤이면 책보를 둘러메고 집으로 달려오곤 했다. 지금도 나는 추위를 통해 면역주사를 맞아 아무리 추워도 장갑을 끼지 않고 걷는 것을 좋아한다.

겨울이라고 따스한 방 안에 움츠리지 않고 일찍 일어나 날이 추울수록 강물소리가 얼음장처럼 느껴지는데 차디찬 강물 속에 발을 담그고 서 있는 왜가리와 물 위를 헤엄치는 오리, 원앙이를 본다. 사람들은 옷깃을 여미고 종종걸음으로 걸어가는데 물 속에 발을 담근 새들을 바라보면 경악을 금치 못한다. 저렇게 작은 것들이 어떻게 저럴 수가 있는지 새삼 투지가 대단하다고 생각된다. 마치 겨울 새들의 몸 속에 보일러가 한 대 있어 차디찬 기운을 녹여내는 것이 아닌가 하는 생각이 들 정도이다. 강가를 걷다보면 전깃줄에 앉아 있는 비둘기들의 분홍색 작은 발들이 시려보인다. 그러나 비둘기들은 발이 시렵지 않은지 이내 날개를 펴 찬공기를 휘저으며 허공을 가른다.

왜가리, 원앙이, 비둘기, 그리고 쑥과 냉이, 꽃무릇 등 온갖 푸른 것들이 지금 겨울을 견디고 있다. 그러므로 고통을 견디고 있는 그것들은 자태가 아름답고 향내가 난다. 단맛이 난다.

봄은 그저 오는 것이 아니다. 고통을 견디는 힘으로 오는 것이므로 추운 날 밤 잠들지 못하고 어디선가 울고 있는 사람이 있다면,

꽁꽁 언 들판에 가 볼 일이다. 태풍에 쓰러진 나무들이 서로 받쳐주고 견뎌내고 있는 것을 보아야 할 것이다.

　새해 들어 벌써 한 달이 지나가버렸다. 고통의 향기를 기억하고 한 해를 보람있고 의미있게 보내기를 간절하게 소망한다.

痛苦,是一种芬芳的力量

"在'忍耐'这个词中,蕴含着痛苦的芬芳。"在一年中最寒冷的旷野里,绿色的生命正忍受着痛苦。树木落尽叶子,在寒风中颤抖,却依然孕育着生命,等待着春天的到来。昆虫也躲进树叶中织成的茧里,忍耐着寒冷,盼望着温暖的日子。这份忍耐,是生命体进化的过程,是它们不曾灭绝、延续至今的力量。因此,虽然痛苦,却散发着芬芳。

即使是严冬,走进市场,仍能看到翠绿的野菜,透着一股清香和甘甜。这种味道,正是"芬芳的痛苦"的滋味。正如俗话所说"应季的才是良药",食用这些蔬菜使我们的身体更加健康。

在恶劣环境中依然顽强生长的生命力,是一种美丽。也许,这正是我们现实生活中的天堂。在既定的环境中不绝望、而是顺应并战胜它,这份力量便成为我们希望的源泉。

登上冬日的山丘,耳边传来风如巨浪般撞击森林的声音,令人怀疑春天是否真的会来。但每当春天归来，那些伸出嫩芽的树木就是世上最强壮的战士——因为它们没有在风雪交加的警报中退缩，而是用全身迎接并战胜了暴风雪。它们没有放弃生命，而是坚强地挺过来了，正因如此，令人敬佩、令人赞叹。

从屋檐到大梁，甚至是一把扫帚，全都是忍受痛苦后的成果。正因如此，我们要懂得珍惜每一根枝条，那是战胜极端严寒的见证。

望着尚未融雪的墙角下那片翠绿的彼岸花叶片，我猛然清醒。这些植物仿佛是从冰河时代穿越而来，在雪白的背景下，它们的身影更加清晰夺目。

乍看之下，冬日的田野似乎空无一物，但走近细看，便会发现一片片绿油油的麦苗正在生长。它们在风中摇曳，纤细的叶片中流淌着滚烫的血液，仿佛正用生命之刃劈开虚空。

人的生活亦是如此。年少时，在寒冷的天气里放学回家，我背着书包飞奔而归。直到今天，我仍然喜欢在寒风中不戴手套地走路，仿佛这样就能打好免疫针。

即使是寒冷的冬日，我也不会缩在温暖的房间里，而是早早起身，在愈冷的日子里，河水声仿佛更像冰块碎裂一般。我看到苍鹭站在冰冷的水中，鸭子与鸳鸯悠然游弋。人们裹紧衣领快步走过，而这些鸟儿却把脚泡在水里不动分毫，令人咋舌。如此娇小的生命竟有如此强大的意志，让人惊叹。仿佛它们体内藏着一台小锅炉，在悄然化解着寒意。

　　沿着河边走去，看到电线上停着的鸽子，它们粉红色的小脚似乎冻得发凉，但它们却毫不在意地振翅高飞，穿破寒空。

　　苍鹭、鸳鸯、鸽子，还有艾草、荠菜、彼岸花等所有绿色生灵，如今都在忍受着冬的考验。因此，这些经历痛苦而不屈的生命，是如此动人、美丽，甚至散发出香气，带着甜味。

　　春天并非凭空到来，它是靠着忍受痛苦的力量才得以降临的。若今夜，在寒冷的野地上，有人因痛苦而无法入眠，那就去看看冰雪覆盖的原野吧。你会看到被台风吹倒的树木彼此支撑着、不离不弃地坚守着。

　　新年已经过去一个月。我衷心希望，大家都能铭记"痛苦的芬芳"，让这一年变得更加充实、有意义。

아름다운 섬나라, 제주도

　제주도에 사람이 살기 시작한 것은 아주 오래다. 선사시대의 유물이 출토되고 있기 때문이다. 제주도에 탐라국이라는 이름을 쓰기 시작한 것은 신라 문무왕 때로 추측되며 그 이전에는 3성 씨족이 공동연맹체적인 체제였다고 한다. 삼국시대에 백제에 복속되었다가 신라 문무왕 때 신라의 속국이 되었다. 고려에 와서는 번국으로 독립적인 체제를 유지했다가 고려 숙종 10년인 1105년 고려의 군(郡)으로 개편되어 독립국의 지위를 잃었다. 1153년 부터는 탐라군에서 다시 격하되어 탐라현이 된 뒤로는 고려 조정으로부터 파견된 현령이 업무를 관장함으로써 탐라국 체제는 완전히 소멸하였다. 조선에 들어서는 탐라의 귀족계급도 완전히 평민화되어 탐라라는 명칭도 사라졌다.

　기록에 의하면 사람은 키가 조금 작고 언어는 한(韓)과 같지 않았으며, 개나 돼지의 가죽으로 옷을 만들어 입고, 소와 돼지를 잘 기르며 노루와 사슴이 많으며, 풍속은 질박하고 비루하며, 여름에는 초옥에 살고 겨울에는 굴실에 산다고 했다. 이 기록에서 보듯 아주 오랜 옛날부터 제주도에는 돼지를 많이 길렀음을 알 수가 있다. 오늘날에도 이른바 '똥돼지'가 유명한 것은 하루 아침의 전통이 아닌가 싶다. 그리고 육지와 교류하기 전에는 탐라국만의 언어를 사용했음도 짐작할 수 있다.

옛날에는 다른 섬지역도 마찬가지이지만 제주도는 유배지였다. 육지로부터 멀리 떨어져 있어 불편한 것도 많고 가난했다. 현대에 와서도 가난하기는 마찬가지였다. 그러다가 박정희 전 대통령이 중문을 개발하면서부터 신혼부부와 관광객들이 모여들기 시작하면서 점차 고립된 섬의 이미지를 탈피하기 시작했다. 이제는 특별자치도로 지정되어 세계적인 관광지로 각광받고 있어 앞으로도 무한한 발전가능성이 있다. 이러한 추세에 많은 사람들이 살고 싶은 곳으로 인식되면서 제주도에 연고를 두는 사람들이 많아지고 있다.

근래에는 우리나라에서 가장 먼저 올레길을 개발하여 아름다운 풍광을 만끽할 수 있도록 하였다. 어느 곳보다 뛰어난 천혜의 자연이 삶에 지친 사람들에게 휴식과 치유, 그리고 삶의 의욕을 충전할 수 있는 관광지의 조건을 갖추고 있어 제주도의 미래는 밝다고 할 수 있다.

제주도는 화산섬이다. 그래서 섬의 중앙에 한반도에서는 백두산에 이어 두 번째로 높은 한라산이 있다. 제주도 어느 곳에서도 볼 수 있는 산이어서 마치 제주도의 어머니처럼 늘 자애로운 모습으로 섬을 굽어보고 있다. 우리나라 최남단이라는 지리적 환경으로 인해 우리나라에서 가장 따뜻한 기온을 나타낸다. 그래서 육지에서 처음 제주도에 방문한 사람들은 이국적인 풍경에 놀라기도 한다. 가는 곳마다 열대지방에서나 볼 수 있는 야자수들이 늘어지게 큰 키를 한 채 바람에 흔들거리는 모습이 다른 나라에 온 듯한 착각을 하게 한다. 뿐만 아니라 제주도에는 어디를 가나 쉽게 귤나무를 볼 수 있다. 한겨울인데도 불구하고 눈을 맞은 채 노랗게 가지에 달려있는 귤들이 육지와는 다른 풍광을 연출한다.

제주도 주변에는 작은 섬들이 있다. 대부분 서귀포 인근에 있어 유람선을 타고 섬들을 관광할 수 있는데, 그 빼어난 모습에 관광객들은 제주도의 아름다움에 흠뻑 취하게 된다. 푸른 바다를 배경으로 바라보는 한라산은 장엄하기까지 한다. 겨울에는 한라산 정상 부근에 흰눈이 쌓여있는 모습에서 오묘한 조물주의 손길이 매우 정교한 것을 짐작할 수 있다.

제주도는 예로부터 내려온 제주도 탄생 설화가 있다. 키가 아주 큰 설문대할망이 있었는데 설문대할망은 옥황상제의 셋째 딸로 키가 크기 때문에 치마 역시 매우 컸다. 설문대할망은 한반도 남쪽에 바다만 있는 것이 허전해 치마에 흙을 담아 남해바다에 다섯 번을

날라 붓자 제주도가 생겨났다. 섬의 중심에는 한라산이 솟아났다. 그런데 설문대할망의 찢어진 치마 틈으로 흙이 흘러나와 360여개의 오름이 생겨났다. 제주도를 만들고 난 설문대할망은 자신이 만든 제주도가 너무 보기 좋아 백록담에 머리를 대고 누웠는데 흙 사이에 있던 돌이 등을 찌르자 돌을 뽑아 바다를 향해 던졌다. 그때 서귀포 앞바다에 있는 섶섬, 문섬, 범섬, 그리고 더 멀리 날아간 돌이 마라도와 가파도가 되었다는 것이다.

　설화는 때로 허무맹랑한 내용들이 많다. 인간의 경지를 넘어 신적인 능력을 가진 존재로 나타나기도 한다. 제주도의 탄생 설화에서도 마찬가지이다. 물론 제주도가 지닌 지리적 환경을 사람들이 꾸며댄 이야기에 지나지 않지만 그럴듯하게 이야기를 만든 것은 이야기를 좋아하는 인간의 서사창작의 본능에서 기인한 것이다. 이야기를 통해 자연환경에 의미를 부여함으로써 정서적으로 보다 풍요로워지는 것이다.

　이렇듯 아름다운 제주도는 일본과 중국, 그리고 세계 각지에서 많은 사람들이 찾아온다. 한때는 제주도 출신 문충성 시인의 시가 말해주듯 고립된, 그래서 감옥같은 가난한 섬이었지만 아름다운 풍광과 더불어 많은 볼거리와 먹거리가 풍요로운 제주도에도 우리 근현대사에서 질곡의 역사가 있었다. 해방정국에 이데올로기로 같은 민족끼리 대립할 때 이른바 '4·3사건'을 통해 수많은 제주도 사람들이 무고하게 죽임을 당했다. 제주도를 관통하는 도로를 가다보면 그 아픈 역사의 흔적들이 지금도 남아있다.

10여년 전 아는 사람이 아무도 없는 이 섬에 와서 어떻게 살 것인가를 걱정할 때 제주도 사람들은 나를 따스하게 품어주었다. 그리고 내게 희망을 향해 안내해주고 내 삶의 이정표가 되었다. 이제는 가는 곳마다 돌담과 귤밭, 그리고 야자수, 낯설었던 사투리조차 마치 고향처럼 반갑다.

그런데 이토록 아름답고 정다운 풍경들이지만 자동차를 몰고 가다보면 칡넝쿨들이 가드레일을 넘어와 도로까지 기어드는 모습에 걱정스럽다. 물론 생명력이 넘치는 자연환경이 보기좋아 보이지만, 어디를 가나 점령군처럼 손을 뻗는 칡넝쿨이 아름다운 제주도의 골칫거리가 되지 않을까 염려스럽다. 아름다운 제주도를 잘 가꾸고 외국 자본의 유입도 생산적으로 활용되기를 기대한다.

美丽的海岛国家——济州岛

济州岛上有人类居住的历史可以追溯到遥远的远古时代，因为在岛上出土了史前时代的文物。据推测，从新罗文武王时期开始，这里被称为"耽罗国"，在那之前是由"三姓氏族"共同构成的联盟体制。在三国时代一度归属于百济，之后在新罗文武王时期成为新罗的属国。进入高丽时代，耽罗国虽一度保持半独立的藩属体制，但在高丽肃宗十年（1105年）被改编为高丽的"郡"，失去了独立国家的地位。1153年，又从"耽罗郡"被降格为"耽罗县"，由中央政府派遣的县令掌管政务，从此耽罗国体制彻底消失。进入朝鲜王朝时期，耽罗的贵族阶层也完全平民化，"耽罗"这个名称亦随之消失。

根据记载，济州岛上的人身材较矮，说话的语言与韩语不同。他们用狗和猪的皮制作衣服，善于饲养牛和猪，岛上有很多鹿和梅花鹿，风俗质朴甚至有些粗鄙，夏季居住在茅屋中，冬季则住在洞穴中。从这些记录中可以看出，济州岛自古以来就盛产猪。今天所谓

的"粪猪"（똥돼지）并非一日之说的传统，也可从中得到印证。此外，在未与大陆交流之前，耽罗人曾使用独自的语言，这也可从记载中推测出来。

古时候，和其他海岛一样，济州岛被用作流放地。因为远离大陆，交通不便且贫穷。即使进入现代，这里的贫困状况依然没有太大改善。直到朴正熙前总统开发中文地区之后，新婚夫妇与游客开始纷纷涌入，济州岛才逐渐摆脱孤立的海岛形象。如今被指定为特别自治道，成为世界知名的旅游胜地，未来的发展潜力无穷。越来越多的人希望在济州岛定居，与之产生联系。

近些年来，济州岛率先在韩国开发了"偶来小路（올레길）"，让游客们可以尽情享受美丽的自然风光。拥有比其他地方更为优越的天然资源，使这里成为对生活疲惫之人极具治愈与疗愈之效的理想旅游胜地，也为济州岛的未来前景带来了光明。

济州岛是座火山岛，因此岛屿中央耸立着韩国仅次于白头山的第二高峰——汉拿山。无论身处济州岛的哪个角落，都能看到这座山，犹如慈爱的母亲一般守护着整个岛屿。由于地处韩国最南端，这里拥有全国最温暖的气候。初到济州岛的游客常常为这里异国般的风景而感到惊讶。随处可见的棕榈树高大挺拔，随风摇曳，仿佛置身热带国家。此外，岛上几乎随处可见橘子树。即使是在寒冬时节，也能看到沾着雪的黄色果实挂满枝头，构成与大陆截然不同的美丽画面。

济州岛周围还有许多小岛，多集中在西归浦附近。游客可乘坐游船游览这些岛屿，岛屿景致之美令游客沉醉。以湛蓝大海为背景遥望汉拿山，甚至令人感受到一种庄严的神圣感。冬日的汉拿山山顶积雪皑皑，从中可体会造物主精巧的手笔。

关于济州岛的诞生，自古流传着一则传说。据说，有位名叫"雪文大奶奶（설문대할망）"的巨人，是玉皇大帝的三女儿，因身材高大，裙子也格外宽大。她觉得韩半岛南部仅有大海太过空旷，便用裙子装满泥土，五次将其倒入南海，便形成了济州岛。岛中央耸立起汉拿山。而在她撅起裙子倒土时，裙缝中漏出的泥土便变成了如今岛上360多个小火山丘（오름）。完成济州岛的雪文大奶奶躺下欣赏自己的杰作，但地里的石头硌得她不舒服，于是拔起那石头向大海投去，形成了今天西归浦前海的涉岛、文岛、虎岛，最远处飞去的则是马罗岛和加波岛。

虽然传说常常夸张虚幻，人物拥有超越人类的神力，但济州岛的这一传说虽然是基于地理环境所虚构，却也反映了人类热爱叙事的本能。通过故事赋予自然以意义，人类也在情感上得到了滋养。

如今的美丽济州岛吸引了来自日本、中国乃至世界各地的游客。虽然正如济州出身的诗人文忠诚所言，这曾是一座贫穷而孤立、宛若监狱的小岛，但丰富的自然景观、美食与文化已令这里焕然一新。不过，济州岛的近现代史也经历了苦难。在战后意识形态分裂的动荡中，曾爆发"4·3事件"，无数济州岛民无辜遇难。如今行驶在岛上高速公路上，仍能看到那些历史的痕迹。

十多年前，当我孤身一人来到这个陌生的岛屿时，曾一度担心未来该如何生活。但济州岛的人们温暖地接纳了我，引导我奔向希望，成为我人生的灯塔。如今，岛上处处可见的石墙、橘园、棕榈树，甚至起初陌生的方言，如今都让我倍感亲切，如同故乡。

不过，即便是这般美丽亲切的风景，也有隐忧。驾车行驶在道路上时，常见葛藤越过护栏蔓延至路面。虽然这种旺盛的生命力令人欣慰，但葛藤如同占领军般肆意蔓延，是否会成为济州岛的生态负担，令人担忧。希望济州岛民能够好好守护这片美丽土地，并使外资的流入真正发挥积极作用。

가족

 이 세상에서 '가족'보다 더 좋은 말이 있을까? 가족은 부모와 자식, 또는 부부 등의 관계로 이어진 공동체이다. 모두가 혈연으로 이어졌기 때문에 같은 유전자를 가진 사람들이어서 더욱 깊을 수밖에 없다. 우리나라는 1970년대까지만 해도 농경사회의 전통을 지키며 살았기 때문에 한 지붕 아래에 삼대가 사는 경우가 많았다. 물론 그 시절에는 가부장제도여서 할아버지나 아버지가 집안을 이끌어가다 보니 가족공동체를 책임지었다.

 그런 반면에 할아버지나 아버지의 말은 집안을 일사분란하게 이끌어가는 신성한 말씀이었다. 가부장제의 폐해도 있지만 할아버지와 아버지가 집안에 버티고 있어야 집안이 화목하고 어려운 일도 해결하는 든든한 버팀목이 되었다.

 농경사회가 산업사회로 전환되면서 대가족제가 해체되어 이른바 핵가족제가 오늘 우리나라의 가족구성원이 되어 부부중심으로 부모와 자식으로 이루어진 시대가 되었다. 그러자 집안의 가장 큰 어른인 할아버지와 할머니는 나이가 들면 요양원이나 요양병원으로 모시게 되는 경우가 많은데 내 생각으로는 할아버지와 할머니는 늙어서 참으로 외롭겠다는 생각이 든다. 그렇지만 세태가 그렇게 흘러가니 거역할 수 없는 노릇이다. 그런 까닭에 그 옛날 대가족제에서의 따스한 인정이 넘치는 가족애의 향수가 솟아오르고 그 시절을 그리워한다.

가부장제가 붕괴되다보니 혼자 사는 독거노인이 많이 늘었다. 늙은 부부 중 한 사람이 세상을 떠나면 혼자 남은 할아버지나 할머니가 요양원에 가거나 집에 홀로 남을 수밖에 없다. 문제는 집에 남은 할아버지나 할머니가 자식들의 보살핌을 받지 못하고 혼자 살다가 돌아가시면 이른바 고독사를 하게 되어 돌아가셔도 자식들이 알지 못하여 몇 달 만에 발견되기도 한다. 노년이 편안해야 되거늘 외롭고 쓸쓸한 노년을 살아야하는 어르신들의 삶이 불행하다는 생각이 든다.

나에게는 고모님들이 계신다. 특히 큰고모네 가족은 참으로 화목하고 행복한 집안이다. 큰고모네 가족처럼 서로 우애하고 행복한 집안도 드물 것이다. 사촌동생 영진이가 결혼을 하였다. 코로나19로 엄중한 시기가 아니었으면 많은 하객들의 축하 속에서 결혼식을 올렸을 텐데 우리 가족끼리 모여 식을 올렸다. 그럼에도 불구하고 오히려 오붓한 가운데 식을 올린 것도 나쁘지 않았다. 워낙 가족애가 튼실하기 때문이다. 12살 연하의 간호사 신부까지 얻었으니 경사중의 경사가 되어 훈훈한 분위기가 추운 날씨임에도 불구하고 화기애애한 시간이었다.

사촌동생 영진이는 스피치 학원을 운영하고 있는데 코로나 정국에서도 그 열정이 뜨거워 다행스럽다.

고모네 가족을 소개하면 다음과 같다. 수학교사인 누나 정현이는 남매지간이지만 분신인 듯 애틋하다. 정현이는 서울에서 공부하러 간 동생 영진이를 위해 자신 앞으로 대출을 하여 집을 얻어주고, 그런 누나가 시집을 가서 집을 사기 위해 대출을 받았는데 동생인 영진이가 대출금을 변제해주기도 했다. 마치 옛 우리나라 이야기 속의 형과 아우가 밤새 추수한 볏단을 아우는 형님께 형은 아우에게 갖다 준 것처럼 남매간의 우애가 두텁다.

뿐만 아니라 사촌동생들은 이 세상에 드문 효자효녀이다. 자신들은 소형차를 끌고 엄마에게는 중형차를 사드리고 엄마가 몇 십 년 살던 아파트를 딸 정현이가 신혼집으로 들어가 살고 엄마에게는 새로 지은 아파트를 사드렸다. 요즘에 이런 효자효녀가 어디에 있겠는가. 뿐만 아니다. 엄마가 가고 싶은 여행지를 시간을 내어 같이 떠나기도 하고, 쉬는 날엔 함께 백화점에 가서 서로 자신들의 것이 아닌 가족들에게 사주려고 시시비비를 한다. 이러한 모습을 지켜보면서 나는 '가족'이 어떤 것인지를 새롭게 깨달았다.

큰고모는 한 달에 몇 번씩 증조할아버지, 증조할머니, 할아버지와 할머니의 한 시간 거리의 산소에 다녀오시곤 한다. 다들 바쁘다는 이유로 핑계를 대기 십상인데 큰고모는 텃밭에서 풀을 뽑고 채소를 심는다. 이렇듯 온가족이 한마음이 되어 화목하고 사랑이 넘치는 것은 '윗물이 맑아야 아랫물이 맑다'는 말처럼 어른들이 솔선수범 앞장서서 가족을 평화롭게 이끌어 있으니 자식들이 어찌 부모를 따라 배우지 않겠는가.

큰고모네 집을 바라보면서 이상적인 가족의 모습이 바로 저런 것이구나를 몇 번이고 생각하곤 한다.

家人

这个世界上,还有比"家人"更温暖动听的词语吗?家人是由父母与子女,或夫妻等关系组成的共同体。因为彼此有着血缘关系,拥有相同的基因,因此感情更加深厚。在20世纪70年代之前,我们韩国社会还保持着农耕社会的传统,常常是三代人生活在同一个屋檐下。当然,那时是父权制度,家中由爷爷或父亲掌舵,承担整个家庭的责任。

那时候,爷爷或父亲的话就像是神圣的命令,使得整个家庭井然有序。虽然父权制度也有其弊端,但正因为有长辈在家里坐镇,家庭才得以和睦,困难也能迎刃而解。

随着农耕社会转向工业社会,大家庭制度逐渐瓦解,现在大多数家庭都变成以夫妻为中心、父母与子女为核心的小家庭。于是,年迈的爷爷奶奶不得不被送到养老院或疗养医院,这让我不禁觉得他们晚年非常孤独。但社会趋势就是如此,实在无法逆转。因此,昔日大家庭中洋溢的人情味与家庭之爱令人怀念，那段岁月令人向往。

随着父权制度的崩塌，独居老人迅速增多。年迈的夫妻中，一人先走，留下的另一位就只能独自生活，或是进入养老院。而那些独自在家的老人，常常因子女疏于照料，在家中孤独去世，甚至要过几个月后才被发现。老年本该安稳，然而现实却是孤独与寂寞，这实在令人感到心酸。

我有几位姑妈，尤其是大姑妈一家，是一个非常和睦幸福的家庭。像大姑妈一家这样亲情浓厚、幸福美满的家庭真是罕见。不久前，堂弟英振结婚了。若不是因为新冠疫情，这场婚礼本应在众多宾客的祝福下热闹举行。但那天我们家人小聚，简单举行了仪式。即使如此，婚礼却显得格外温馨，因为我们一家人情感深厚。更何况他娶了一位比他小12岁的护士新娘，真是大喜事，在寒冷的天气中也能感受到浓浓的温暖。

堂弟英振经营着一家演讲培训学院，即便在疫情期间，也依旧充满热情，令人欣慰。

介绍一下大姑妈一家。堂姐贞贤是位数学老师，兄妹之间感情深厚，简直像是彼此的影子。当初堂弟去首尔读书，堂姐以自己名义贷款为弟弟租房；后来堂姐结婚买房时，弟弟又帮她还清了贷款。兄妹之间的情谊，如同昔日传说中深夜偷偷把收割好的稻捆搬去兄长家的弟弟，感人至深。

此外，堂弟妹们也是罕见的孝子孝女。他们自己只开小车，却为妈妈买中型车；堂姐贞贤结婚后搬进了母亲多年居住的旧公寓，而母亲则住进了女儿为她买的新公寓。如今还有几个孩子会这样孝顺呢？他们还会抽空陪母亲去她想去的地方旅游，休息日也常常一起去百货公司，为家人买礼物而争论不休。看到这些情景，我重新体会到"家人"真正的意义。

大姑妈每月会几次前往曾祖父母、祖父母的坟前扫墓。虽然很多人总是以"太忙"为借口推脱，但大姑妈总是亲自在菜园除草、种菜。正因为长辈以身作则，带领全家人和睦相处，才让晚辈们自然地学会孝顺与相亲相爱，正所谓"上梁正则下梁正"。

看着大姑妈一家，我不止一次地感叹：理想中的家庭，就是这般模样吧。

생명의 등가

 산이나 들에 있는 나무들은 잘도 자란다. 인간의 손길이 가지 않아도 열대지방이나 시베리아에서도 환경에 적응하며 잘 살아간다. 그런데 인간의 욕심은 언젠가부터 화분에 나무를 심고 나무의 손과 발을 잘라 자신들이 원하는 모양으로 만들어 키운다. 분재가 그것이다. 분재는 본래 우리나라 사람들이 나무를 축소하여 키우는 방법이 아니었다. 일본사람들이 먼저 분재를 시작했다고 한다. 당산나무를 아주 작게 만들어 집안에서도 커다란 고목을 보듯 즐겨했다고 한다. 그래서인지 일본민족을 '축소지향성 민족'이라고 이어령 교수는 말을 했다. 생각해보면 분재는 나무를 괴롭혀서 자신들이 원하는 모양을 만들어 완상하기 위해 만들었다. 우리나라 선조들은 자연 속에 사람이 자연스럽게 하나가 되는 것을 추구해왔다. 인간을 자연의 일부로 바라보았기 때문이다. 가령 사찰을 보면 앞에만 문이 있을 뿐 뒤쪽에는 담장이 없어 자연스럽게 자연과 하나가 되게 하였다.

그러나 오늘날에는 우리나라에도 분재하는 사람들이 늘었다. 분재를 하나의 예술장르로 이해하는 까닭이다. 그렇다고해도 나는 분재를 용납하지 못한다. 분재가 아닌 일반 나무나 꽃을 분재에 가꾸는 것은 용납한다. 나무나 꽃은 분재처럼 철사줄로 묶고 가위질을 하지 않기 때문이다. 그렇다고해도 나무나 꽃 역시 땅에서 키워야 하는 것이 원칙임을 기억하고 어려운 환경인만큼 나무나 꽃의 생태적 특성을 잘 알고 양육해야함은 당연하다.

내가 대학을 졸업한 후 늦은 나이에 다시 법대를 다닐 때의 일이다. 오랜만에 강의를 들으니 처음엔 멋쩍었지만 시간이 흐르니 자연스럽게 학우들과 동화되어 학교생활이 즐거웠다.

그 때의 일이다. 학과장실에 나무 한 그루가 화분에서 자라고 있었다. 학과장님은 지극정성으로 화분의 나무를 아주 푸르고 싱싱하게 잘 길렀다. 교수님은 한두 번 나무를 길러본 것 같지 않았다. 어쩌다 학과장님 연구실에 들어가면 푸르른 나무가 싱그럽고 생명력이 넘쳤다. 모두가 학과장님 연구실의 초록의 싱그러움에서 좋은 기운을 받아가는 것 같았다. 그러다가 새 학기가 되어 학과장님이 바뀌졌다. 전 학과장님은 학과장실에 나무를 놓고 갔다. 후임 학과장님께 나무를 인계하고 자신의 연구실로 돌아갔다. 학과장실의 나무는 푸르렀다. 그런데 시간이 갈수록 나무가 기운이 없어보였다.

그러다가 점점 이파리가 누래지고 한눈에 봐도 시들해갔다. 그러자 새 학과장님은 전 학과장님께 이 사실을 알렸다. 전 학과장님은 죽어가는 나무를 자신의 연구실로 옮겼다. 그리고 정성스레 나무를 가꾸었다. 시간이 흐르면서 나무는 생기를 회복해갔다. 조금 시간이 지나자 옛날처럼 나무는 푸르름을 회복하였다. 그것을 본 학과장님은 참으로 이상한 일이라고 여겼다.

화분이라는 공간에서 누구는 나무를 잘 기르고 또 누구는 죽일 뻔 했다. 그것은 나무의 생태적 특징을 알고 정성과 관심을 가지고 나무를 기르면 나무도 이러한 기운을 알아차리고 잘 자라는 모양이다. 가량 하루에 물을 한 번 준다거나 아니면 사흘이나 일주일에 한 번씩 나무에 물을 줘야하는 나무의 특성을 이해해야 나무를 잘 기를 수 있는 것이다.

학교에서 일어난 작은 사건이지만 하마터면 하나의 생명을 잃을 뻔한 사건이었다. 연구실 안에서 다시 생명의 기운을 차린 나무가 무성하여 주인의 마음은 물론 보는 사람들을 즐겁게 한다.

그러므로 자신이 선택한 나무나 반려동물을 키우기로 작정했으면 가족처럼 여기고 끝까지 책임을 져야한다. 예쁘다고, 귀엽다고 덥석 키울 일이 아니다.

생명의 등가는 식물이든 동물이든, 동물 중에서 개나 돼지와 사람의 가치는 모두가 같기 때문이다. 인간이 지구를 지배하고 있기 때문에 자연을 훼손하고 동식물을 함부로 하는 것은 근대정신의 모순이다. 그러므로 우리는 멸종한 동식물을 다시 복원하고자 많은 노력을 투자하고 있다. 이렇듯 생명정신은 우리 선조들의 민속적인 삶에서 쉽게 볼 수 있다. 겨울 감나무가지에 까치밥을 남겨놓는 것이나, 시제 때 무덤 주위에 '고시래' 하면서 음식물을 뿌려 산에 사는 짐승들에게 먹이를 주는 것이 바로 그것이다. 이제 우리는 나무 한 그루 풀 한 포기라도 인간의 목숨 같은 것이라는 인식으로 바라볼 일이다.

生命的等价

山林原野中的树木自由生长，即便没有人类的照料，也能在热带或西伯利亚等环境中适应并茁壮成长。然而人类的欲望却从某个时候起开始将树木种入花盆中，并剪去枝干，将其塑造成自己想要的样子，这就是"盆景"。

盆景并非起源于韩国。据说是日本人首先开始培育盆景的。他们把巨大的神木缩小后种在家中欣赏。因此，已故的李御宁教授曾说日本是"缩小志向民族"。仔细一想，盆景其实是一种折磨树木的行为，只是为了满足人类欣赏的乐趣。而我们的祖先则追求与自然的和谐共处，把人类视为自然的一部分。比如寺庙，通常只有前门，没有后墙，是为了自然地融入大自然。

然而如今，在韩国也越来越多的人喜欢养盆景。他们将其视为一种艺术形式。即便如此，我依然无法接受盆景。我可以接受在花盆中养树木或花卉，但前提是不要像盆景那样用铁丝缠绕、用剪刀修剪。即便如此，树木和花草也应该在土壤中生长，若必须在花盆中栽培，也应充分了解其生态特性并给予适当照料。

那是我大学毕业后，晚年再次就读法学院时的事。久违地听课，一开始觉得尴尬，但随着时间流逝，自然地与同学们融为一体，学校生活变得愉快。

当时，系主任办公室里养着一盆树。系主任精心照料，使这株树绿意盎然、枝叶繁茂。他显然不是第一次养树，每当我走进他的办公室时，那片绿色的清新生机令人心旷神怡，仿佛也给人带来了好气场。

不久后，新学期开始，系主任换人了。前任系主任将那株树留在办公室，交由继任者照看，自己则搬回了教授研究室。起初，那株树依旧郁郁葱葱，但随着时间推移，枝叶逐渐泛黄，甚至一眼就能看出它日渐萎靡。新任系主任注意到后，便告知前任。前任系主任随即将这株奄奄一息的树搬回自己的研究室，细心照料。没过多久，树重新焕发生机，恢复了往日的绿意。

这件事让人深思。明明是同一个花盆、同一株树，却因照料者的不同而有生死之别。这说明，只有了解植物的生态特性，并倾注真心与关爱，植物才能茁壮成长。比如，有的树每天需要浇一次水，有的则只需三天或一周一次。唯有理解其需求，才能真正将植物养好。

这虽是一件发生在学校的小事，却差点失去一条生命。如今，那株树在原主人的研究室中再次焕发活力，令主人欣喜，也令人赏心悦目。

　　因此，当我们决定养一株树、一只宠物，就应将其视为家人，承担起责任。不应仅因其"可爱""漂亮"而草率决定养育。生命的等价，不分动植物，无论是狗还是猪，其价值与人类一样。正因人类主宰地球，才对自然为所欲为，这恰恰是近代精神的悖论。因此，今天我们才会为恢复濒临灭绝的动植物种群付出大量努力。

　　其实，生命尊重的精神早在我们祖先的民俗生活中就有所体现。比如冬天在柿子树上留下"喜鹊的口粮"，或在祭祀祖先后于坟地撒"高时来"的饭菜供山中野兽食用。这些行为都体现了对自然生命的敬畏。

　　如今，我们应以"每一棵树、每一株草都如同人类的生命"一般去珍视它们。

나와 영화감독

나는 그 동안 문단에 데뷔하여 시집, 에세이집, 동화집, 소년소설 등 여러 장르에서 여러 권의 창작집을 펴내었다. 내가 시인으로 출발하여 다양한 예술활동을 하는 것은 지적 호기심 때문이라고 생각한다. 새로운 것을 보면 해보고 싶은 마음이 나를 움직이는 것이다. 그렇기 때문에 수십 개의 면허증도 딸 수 있었고 다양한 분야에 진출할 수 있었을 것이다. 그 동안 신문사 사장을 비롯해 여성이 접근하기 어려운 건설사 대표 등을 해보았다. 이러한 나의 호기심은 화가, 작곡가도 되고 싶지만 한 사람이 여러 가지를 하는 일은 현실적으로 불가능하기 때문에 욕망을 잠재울 수밖에 없다.

그럼에도 나는 내가 시인과 에세이스트, 아동문학가 등 문학인으로 활동하는 것과 영화감독으로 데뷔한 것만은 참으로 잘했다는 생각이 든다. 글을 쓰는 일은 컴퓨터만 있으면 할 수 있는 일이라서 시간에 구애되지 않고 틈틈이 지속적으로 하고 있다. 글쓰기는 생이 끝날 때까지 할 것이다.

영화감독은 매우 흥미로운 직책이지만 번거로운 일이다. 혼자서 할 수 있는 일이 아니기 때문이다. 연기자와 스텝을 갖춰야 하고, 연기자에게 알맞은 배역을 맡겨야 한다. 그런데 쉬운 일이 아니다. 연기자의 개성을 잘 파악하는 일이 무엇보다 중요하다. 이에 앞서 중요한 것은 시나리오를 개발하는 일이다. 훌륭한 시나리오가 아니라면 절대 좋은 영화를 만들지 못한다.

오늘날 한국영화가 국제적으로 명성을 떨치고 있는 것은 좋은 시나리오 때문이다. 물론 영화제작비도 중요하다. 자본이 뒷받침 안 되면 아무리 좋은 시나리오도 소용없다. 그럼에도 불구하고 완벽한 시나리오는 보다 빈틈없는 스토리가 되고, 흥미와 긴장을 유발시켜 관객들에게 감동을 줄 수 있다.

나는 내가 만든 영화 중 2020년 영화감독으로 참여하여 제작한 '풍금소리'가 유독 애착이 간다. 이 영화는 매우 순애보적인 사랑이야기를 영화화 한 작품이다. 오늘날 '사랑'을 일회용품 소비하듯 하는 세태에 경종을 울리기 위해 만들었다. 청순하고 때묻지 않은 소년 소녀의 애틋한 사랑을 보여주는 이 영화는 우리가 오랫동안 잊고 있었던 아름다운 사랑의 세포를 일깨워주기에 충분하다. 이 작품을 통해 참다운 인간의 우정과 가치를 관객들에게 말해주고 싶었다. 더불어 인간의 본성이 아름답고 따스하다는 것을 말하고 싶었다. 평생에 단 한 번이라도 그러한 사랑을 하고 싶었다. 비록 크게 흥행한 것은 아니어도 내가 만든 영화 중에 유독 애착이 가고 마음 속에 남아있다.

영화제작은 모두 스텝의 역할이 중요하지만, 그 중에서 감독의 역할이 영화제작의 승패를 좌우한다. 연기자들의 성격은 물론 시나리오를 어떻게 해석할 것인가를 끊임없이 분석해야 한다. 뿐만 아니라 다른 연기자와의 조화도 중요하다. 연기자 한 사람 한 사람의 연기가 모여 스토리가 되고, 마치 퍼즐 맞추듯 전체 영화가 짜맞춰지기 때문이다.

이러한 일을 종합적으로 바라보고 살피는 영화감독은, 세상 일에서도 허점을 하나라도 보여서는 안 된다. 인생도 영화감독처럼 모든 것을 배려해야 한다. 그러므로 영화감독으로 영화를 만드는 일은 인생을 살아가는 것과 같다고 생각한다.

我与电影导演

这些年来，我在文学界出道，先后出版了诗集、散文集、童话集和少年小说等多种体裁的作品集。我认为，从诗人起步并涉足多种艺术活动，源于我的求知好奇心。见到新事物就想尝试，这股冲动始终驱使着我。正因如此，我才考取了数十张各种执照，并得以进军不同领域。期间，我担任过报社社长，也做过女性少有涉足的建筑公司代表。我的好奇心甚至让我想当画家、作曲家，但一个人想同时担负太多角色在现实里几乎不可能，只能暂且压抑这份渴望。

尽管如此，我依然觉得自己以诗人、散文家、儿童文学作家等身份写作，并以电影导演出道的决定做得十分正确。写作只需一台电脑，不受时间限制，随时可以继续；我会写到生命的终点。

导演这一职位极富魅力，却也异常繁琐，因为它绝非一人之力可完成。必须组建演员与剧组，为演员安排最契合的角色，而这并不容易。最重要的是准确把握演员的个性；在此之前，更关键的是打磨剧本。没有出色的剧本，就绝无可能拍出好电影。

当今韩国电影在国际舞台上备受瞩目，归功于优质剧本。当然，制作资金同样重要；若无资本支持，再好的剧本也难以落地。但即便如此，完美的剧本仍能构建严密的故事结构，激发兴趣与张力，带给观众深刻感动。

在我参与制作的影片中，尤其钟爱的是自己于2020年执导的《风琴声》。这是一部讲述纯真恋情的作品。我拍它，是想对如今把"爱"当作一次性消费品的风气敲响警钟。影片里纯洁无瑕的少男少女之情，足以唤醒我们久已沉睡的美好爱情细胞。通过这部作品，我希望向观众传达真正的人之友情与价值，亦想提醒人性的本质其实温暖而美好。此生若能体验一次那样的爱情便已无憾。虽然票房并未大获成功，但在我所有作品里，它最让我眷恋，长留心底。

电影制作中，每个岗位都十分重要，然而导演的角色决定了一部电影的成败。导演需不断分析演员的性格，思考如何诠释剧本，还必须兼顾演员间的默契与平衡。每位演员的表演汇聚成故事，像拼

图一般拼合成完整的电影。

因此，能统筹万端的导演在世事中也绝不能露出任何纰漏。人生亦当如导演般面面俱到。我相信，做电影导演的过程与过人生并无二致。

제3부

아버지 거기 계셨군요
父亲，您原来一直在那里

아버지, 거기 계셨군요

어느 날 돌멩이처럼 느닷없이 내 던져진 줄 알았다
가장 춥고 어두운 사망의 계곡에서
나 혼자 울고 있었다
지척을 구분할 줄 몰라 날마다 울고 있었다
문둥이처럼 햇볕을 찾아 기슭으로 기어오를 때
모두가 외면한 줄 알았다
손발이 부르트고 가슴에 피멍이 들어
지나온 발자국에 선지혈이 고였다

이제 아득한 뒤안길 바라보니
아버지, 거기 계셨군요
바람이 불면 바람으로
눈이 오면 새하얀 눈빛으로
봄날의 새싹으로, 무성한 푸르름으로
잠든 머리맡에서 뜨거운 이마 짚어주시며
"아가, 단 한 번도 네 곁을 떠난 적이 없다"

아버지, 거기 계셨군요.

父親，您原來一直在那裡

有一天，我以為自己
就像石頭一樣被冷不防扔了出來。
在那最寒冷、最黑暗的死亡之谷裡，
我獨自哭泣。
分不清近與遠，每天都在哭泣。

像痲瘋病人一樣尋找陽光，
艱難地爬上岸邊時，
我以為所有人都背過了身。
雙手雙腳裂開，胸口瘀血，
來時的腳印裡積滿了鮮血。

如今回望那遙遠的小徑，
父親，您原來一直在那裡。
風起時化作風，
雪落時化作潔白的目光，

化作春天的新芽，茂盛的綠意，

在我沉睡的枕邊摸著我滾燙的額頭，

輕聲說：「孩子，我從未離開過你片刻。」

父親，您原來一直在那裡。

봄, 불문사에서

오늘도 아버지는 옛날처럼 새벽에 일어나
닭모이를 주듯
불문사 앞산 뒷산을 한바퀴 돌고 오신 듯
새벽비에 절마당이 촉촉하다
우수경칩 한참 지나
아버지의 입김인 듯 푸른 것들이 고개를 내미는 것이다

아버지, 통곡하며 억울해 하시는 줄 알았는데
이승에 남긴 딸 걱정에 눈물바람인 줄 알았는데
육신의 몸 훌훌 버리고
바람이 되었다가
눈비가 되었다가
달빛이 되었다가
노래가 되었다가
기도가 되었다가
깊고깊은 영혼의 그늘이 되어

세상구경 다니시는데
나만 슬퍼했다
봄, 불문사에 오니
아버지, 아프지도 않고 지천에서
새싹처럼 웃고 계시는 것이다.

春日，在佛聞寺

今天清晨，父親也像從前那樣早早起身
如同餵雞一樣
似是繞了不聞寺前山與後山一圈回來
晨雨沾濕了寺院庭院
驚蟄已過許久
那些翠綠仿佛是父親的氣息，探出了頭來

父親啊，我還以為您滿腔悲憤、在痛哭
還以為您為了留下人間的女兒而淚如雨下
沒想到您早已灑脫地捨棄了肉身
變成了風
變成了雪雨
變成了月光
變成了歌聲
變成了祈禱
成為那深深的靈魂陰影
在人間四處漫遊

只有我還在悲傷不已

春日，來到佛聞寺
父親啊，您不再痛苦
在這遍地生機裡
您像嫩芽一樣微笑著。

저 아득한 풍경

풀이 무성한 마당 넓은 집
뒷간 구멍으로 바라보면
사랑채 행랑채 헛간 환하게 내다보이는
마당 풀섶에 뱀이 느리게 기어가던
그 집 지붕에
봄날 멧비둘기 울음소리 내리고
실실한 뻐꾸기 소리에 한나절이 넘어가던
그 집, 마당에서
우두커니 먼 데 바라보던
생각이 깊은,
열두 살 어린 계집애 하나가 있는
저 아득한 풍경

那遙遠的風景

雜草叢生、庭院寬敞的那所房子

從後院的茅廁小孔望出去

愛房、廂房、雜物間一覽無遺

那庭院的草叢裡，一條蛇緩緩爬過的

那房子的屋頂上

春日山鳩的鳴聲悠悠飄落

隨著斑鳩細碎的啼聲，一整個下午便悄然流逝的

那房子、在庭院裡

呆呆地望著遠方的

心思深沉的

十二歲，年幼的女孩一名所站著的

那遙遠的風景

풀을 뜯으며

취하지 않으면
흔들리지 않으면
건널 수 없었던 깊은 生의 그늘을
아무도 짐작할 수 없었겠지만
할아버지,
할머니 몰래 술 심부름 시키세요
아홉 살 내 귓가에 막걸리 출렁이는 소리 들려요
할아버지,
이제는 할머니 곁에서
그까짓 것 무거운 짐
육자배기로 날려버려요

그 옛날 아버지가 월남에서 사다드린 전축 따라
흥얼거리며 건너던 한세상 적막한데,
이른 봄날 우리 가족 할아버지 봉분
세치 같은 풀을 뽑아요

拔草時

若不微醺
若不搖晃
就無法穿越那深沉的人生陰影
那份深沉，誰也無法想像
爺爺，
您總是背著奶奶
讓我去買酒
九歲的我耳邊
還回響著米酒晃動的聲音
爺爺，
如今您在奶奶身旁
那些沉重的事啊
就隨著六字調一併吹散吧

從前父親從越南帶回的留聲機伴著旋律
您哼唱著走過的一生是那樣寂靜，
在早春的某天，我們一家人
在您墳上拔除如三寸髮絲般的嫩草

이제 아버지의 뒤가 보인다

 늘 아버지만 보았다. 아버지와 산에 올랐을 때도 물가에 갔을 때도 아버지만 보였다. 해남 집에서 닭을 키울 때도 아버지만 보였다.
 그날 아버지의 자동차가 곤두박질치던 날 이후 아버지의 등 뒤에 도사리고 있는 것들이 보이기 시작했다. 산에 오르면 아버지 뒤에 선 벼랑이 보이고 물가에 가면 아버지 뒤에서 아가리를 벌리고 있었을 굶주린 상어 이빨이 보였다. 아버지 뒤를 따라다니던 어린 병아리와 곡식들이 아버지를 곡진하게 부르는 소리가 들린다
 그리고, 넓고 따스했던 아버지의 등 뒤에서 혼자 남은 딸이 몸서리치는 모습이 보인다.

如今看見了父親的背影

　　我一直只看見父親。無論是和父親一起登山，還是去河邊，我看到的只有父親。在海南的家裡養雞的時候，我也只看到父親。

　　直到那一天，父親的汽車墜落的那一天之後，我才開始看見潛伏在父親背後的東西。上山時，我看見父親背後那座峭立的懸崖；去水邊時，我看見父親身後張著血盆大口的飢餓鯊魚的牙齒。

我聽見那些跟在父親身後走的小雞和穀物們，深情地呼喚著父親的聲音。

　　還有，我看見那個在寬大溫暖的父親背後獨自留下來的女兒，渾身顫抖著。

이름

나의 이름은 수백 개다
앞으로도 내가 이름을 짓거나
사람들이 제 멋대로 불러줄 것이다
사람을 만날 때마다
착한 풀밭이었다가
쓰라린 소금밭이 될 것이다

나는 가급적 긍정적인 이름이 되려 하지만
시간에 따라서
기분에 따라서
장소에 따라서
카멜리온처럼 이름이 변할지도 모른다

누군가 내 이름이 이기적이라고 했다
저녁무렵의 내 이름은 외롭다고 했다
나는 인정할 수 없다고 했다가

모두 인정하기로 했다

법원 앞을 지나갈 때
나의 이름은 지쳐 그만 포기하고 싶었다
그러나 악착같이 내 이름을 지키기로 했다
수백 개의 이름 중에서
가장 아끼는
돌아가신 아버지가 주신 이름이기 때문이다

名字

我的名字有數百個

以後也會有我自己取的名字

或者別人隨心所欲叫出的名字

每次與人相遇

有時是溫柔的草地

有時又成為刺痛的鹽田

我儘量想成為一個正面的名字

但也許會隨著時間

隨著心情

隨著場所

像變色龍一樣變化名字

有人說我的名字很自私

有人說傍晚時我的名字很寂寞

我一開始說我無法承認

後來決定全都承認了

經過法院前時

我的名字疲憊到想要放棄

但我決定拚命守護它

因為在那數百個名字中

我最珍惜的

是已故父親賜予我的那個名字

서귀포에서

마음을 둘 데 없어
나를 바다 건너 제주도에 유배 보냈다
추사 김정희가 대정마을
눈 속에서 누런 귤을 매달고 있는
귤나무를 하염없이 바라보았던 심사처럼
눈 속의 귤나무를 바라보며
마음 속에 귤처럼 환한 등을 내건다

남쪽 지방에 와서 보내는 마음이
무척이나 춥다
웃으며 수다를 떨지만
나를 바라보니 안쓰럽고 쓸쓸하다
내 마음을 유배지에 가둬놓고
파도 소리를 들으니
걸어온 길이 가뭇해
길에서 만난 모든 것들에게
그냥 미안하다.

在西歸浦

因為無處安放內心

我將自己流放到了跨海的濟州島

就像秋史金正喜

在大靜村

無言凝望著雪中掛滿黃橘的橘樹那樣

我也凝視著雪中的橘樹

在心中點亮了像橘子一樣明亮的燈盞

來到南方這地方後的心情

卻格外寒冷

一邊笑著聊天

一邊看見自己的模樣，既令人憐憫又孤單

把我的心關進了流放地

聽著海浪聲

回望走過的路只剩一片茫然

對在路上遇見的所有一切

只覺得，抱歉。

유모차

할머니 유모차 밀고 간다
들여다 보니 손주놈들 보이지 않는다
유모차에 소지품 싣고
균형을 잃어 쓰러지는 생 기대어
힘겹게 길을 간다

한때는 유모차 밀어주던 손으로
세상 일으켜 주던 손으로
자장가도 없이 우울한 표정으로
노인복지센타 가는 할머니
유모차바퀴 자꾸만 꼬이고
보도블럭 사이에 끼는데
유모차에 기대어
가파르게 언덕을 오른다.

嬰兒車

奶奶推著嬰兒車前行

低頭一看，孫子們不見蹤影

嬰兒車裡裝著隨身物品

倚靠著那失去平衡便會倒下的生命

艱難地走在路上

曾經是推著嬰兒車的那雙手

曾經是撐起世界的那雙手

如今毫無搖籃曲，只帶著憂鬱的神情

走向老人福利中心的奶奶

嬰兒車的輪子總是打轉纏繞

還卡在鋪路石之間

她倚著嬰兒車

一步步爬上那陡峭的坡道

풀

지천에 널린 너를
짓밟는 줄도 몰랐다
한자리에 앉아있는 것이 미안해
자꾸 자리를 옮겨 앉은 병약한 사람처럼
너를 살펴보지 못했다

어느 날 길을 가다가
아득한 내 생을 절룩이며 가다가
문득, 너를 바라보았다
바람에 흔들거리면서도
쓰러지지 않는 네 가문의 족보처럼
나도 내 길을 가고 싶었다

너는 어느 새 내 마음의 텃밭에
싹을 틔우고 뿌리를 내리는데
나도 풀이 되어가고 있는가
밟을수록 일어서는 겨울 보리가 되고 싶었다.

草

你遍布地上,
我甚至沒意識到自己在踩踏你。
就像那個因體弱多病
總是不好意思久坐一處而頻繁換位置的人一樣,
我未曾好好看過你一眼。

有一天走在路上,
一跛一拐地走在我那遙遠的人生途中,
忽然, 看見了你。
儘管在風中搖曳,
卻從不倒下, 如同你家族的族譜般堅韌,
我也想走自己的路。

不知不覺間, 你已在我心中的小園地裡
發了芽, 扎了根。
難道我也正在變成一株草嗎?
我想成為越是被踩越能挺起身來的冬麥。

노래

살아있는 것이면 노래한다
숨쉬지 못하는 것도
제 생을 증거하며 노래한다

나무는 허공에 손을 벋어 푸르름을 노래하고
바위는 침묵으로 견고한 무게를 노래한다

나의 악보는 아직 영악하지 못해
시행착오와 서투름 투성이어서
세련되지 못하다
제대로 걸음마를 배우지 못한 나의 길은
자꾸 넘어져 미완의 노래이다

신문과 텔레비전에서
누군가 성공과 출세의 노래를 부르고 있다
그 노래가 유혹하고 있다

나의 노래는 자꾸 흔들려
음정과 박자가 꼬이고 있다
그러나 알아들을 수 없는
햇빛과 바람과 강물
그리고 새들이 부르는 노래가
내 악보를 관통하고 있다

歌唱

凡是活著的，都在歌唱
即便無法呼吸的事物
也以自身的存在作為證明，在歌唱

樹木伸展著手臂向虛空歌唱翠綠
岩石則以沉默歌唱堅實的重量

我的樂譜尚不精巧
滿是試錯與笨拙
稱不上洗練
我走的這條路，連正確地學步都還沒學會
因此不斷跌倒，是一首未完成的歌

報紙與電視裡
有人唱著成功與飛黃騰達的歌
那首歌在誘惑我

我的歌不斷搖晃

音調與節奏紛亂糾纏

然而，那些難以聽清的

陽光、風、河水

還有鳥兒所唱的歌聲

正在穿透我的樂譜

제4부

사람이 내는 길
人开辟的道路

사람이 내는 길

짐승들이 다니는 길은
풀이 자라고 나무가 무성해져서
바람이 지나가듯 흔적없는 길이지만
사람이 생겨나면서
길을 만들어 냈다
길은 목적지로 향하고
그 길 끝에는 탐욕이 도사리고 있다
또다시 사냥감을 향하는 끝나지 않는
길 위에는 피린내와 휘발유 냄새가 난다
사람이 가는 길 불모지에서
풀과 나무가 자라지 못하고
짐승들은 로드킬이 된다
무성했던 숲을 쓰러뜨리고
사람들은 끊임없이 새로운 길을 간다.

人開出的路

野獸走過的路
長出草木，繁茂成林，
如風掠過般不留痕跡，
但自從人類誕生，
便開始開鑿道路。
道路朝著目的地延伸，
而那路的盡頭潛藏著貪慾。
那是一條再次奔向獵物的、
永無止盡的道路，
路上瀰漫著血腥味與汽油味。
在人類前行的荒蕪之地，
草木無法生長，
野獸成了車輪下的亡魂。
曾經繁茂的森林被推倒，
人類卻不斷開闢新的道路。

틈

민들레 노란꽃 무리가 핀 도로가
담벼락에 금이 가기 시작했다
오동나무 씨앗 한 톨 날아와 뿌리를 내리자
틈이 벌어지고
황사가 몰려와 먼지가 쌓이자
민들레 군단이 몰려왔다
누구도 넘보지 못할 철조망 꽂힌 씨멘트 감옥
마침내 견고한 웅집을 해체하고 있다.

縫隙

在長滿蒲公英黃花的道路上,
圍牆開始出現裂痕。
一粒梧桐種子隨風而至,紮下了根,
縫隙漸漸擴大,
當黃沙襲來、塵埃堆積,
蒲公英的軍團也蜂擁而至。
那插滿鐵絲網、誰也不可侵犯的水泥牢籠,
終於正在瓦解那堅硬而繁密的凝聚。

목련꽃 잔해를 빗질하며

목련꽃이 피면
목련나무는 골목 사람들의 것이 되어
신을 경배하듯 탄성을 지른다
그러므로 목련나무는
봄날 골목에 차린 세탁소여서
황사에 더럽혀진 마음 헹구고
구겨진 마음 다리미질로 바르게 편다
때마침 태풍이 불어 꽃잎이 떨어지고
골목 구석구석에 흩어지자
아무렇지도 않게 함부로 짓밟아버려
쓰레기가 되었다
아름다운 것이 추해지는 것은 한순간
빗질을 하면서
한때 아름다웠던 것들을 기억하는 목련꽃 잔해를 보며
곱게 늙어야겠다고 생각했다.

梳理木蘭花的殘骸時

木蘭花一綻放,

整棵木蘭樹便成了巷子裡人們共同擁有的東西,

人們如同朝聖般驚嘆不已。

因此, 木蘭樹成了春日巷口的洗衣店,

洗滌著被黃沙弄髒的心,

用熨斗把皺巴巴的心熨得平整。

正巧颱風來襲, 花瓣紛紛飄落,

散落在巷子的角角落落,

人們毫不在意地肆意踩踏,

它便成了垃圾。

美麗變為醜陋, 只在一瞬之間。

一邊梳理,

一邊看著那些曾經美麗的木蘭花殘骸,

我想著,

自己也該優雅地老去。

마음의 집

몇 년 째 제주에 살다보니
제주 사람이 다 되어가나보다
잔뜩 흐린 날 한라산이 안 보이면
마음이 불안해 어쩔줄 모르고
육지에 갔다가 돌아오면
제주 사람들이 반갑다
육지에서 며칠을 보내다보면
진분홍빛 유도화 꽃 핀 거리가 궁금하고
눈속에 매달린 노란 감귤과
오종종 쌓인 돌담이 그리워진다
나, 이제 제주에 집 한 채 짓는다
가장 외롭고 쓸쓸할 때
내 마음 송두리째 받아준 제주에
인정이 넘치는 마음의 집을 짓는다.

心之屋

在濟州住了好幾年,
我大概也漸漸變成了濟州人。
陰雲密佈、看不見漢拏山的日子裡,
我便焦躁不安,無所適從。
從本島回來時,
濟州人顯得特別親切。
在本島待了幾天,
我便會想念那開滿深粉色芙蓉花的街道,
想念積雪中懸掛著的黃橘子,
想念那一層層堆起的小石牆。
如今,我想在濟州蓋一棟房子,
在我最孤單寂寞的時刻,
那全然接納我心靈的濟州島上,
我要蓋一座充滿人情味的心之屋。

아버지의 술잔

'아버지'라는 말, 참으로 좋다
기도할 때도
'아버지'
놀랄 일이 있을 때도
'아버지'
그 이름 불러본 지 얼마인가

바다 건너 제주에 살러갈 때
하직인사 못 드리고
일 년에 한두 번 가는 명절 때도 못가보다가
오늘 아버지를 호명한다
그 이름 속에는 슬픔이 고여 있다
눈물도 고여 있다
왈칵, 속울음을 울다가

어린 시절 끔찍히도 사랑해주시던

아버지,
밥보다 더 많이 잡아먹히신
아버지
영영 내가 삼켜버린
아버지
참으로 오랜만에
아버지 계신 불문사에 가
오늘 처음으로
아버지의 술잔이 된다.

父親的酒盞

「父親」這個詞，真好。
祈禱的時候也是
「父親」
驚訝的時候也是──
「父親」
我有多久沒喚過這個名字了？

當我要搬去濟州生活，
未曾向您辭行；
一年只回本島一兩次的節日，
也總是錯過了，
而今天，我終於呼喚起「父親」。
那名字裡盛滿了悲傷，
也盛滿了眼淚，
哽咽地，在心裡哭成一團。

小時候對我疼愛有加的
父親啊,
被生活吞噬得比飯還多的
父親啊,
最終被我整個吞進心裡的
父親啊,
真是許久不見了,
我今日首次來到
您安息的「不聞寺」,
第一次──
成為父親的酒盞。

봄

우리나라에서 가장 먼저 봄이 오는
제주에서 처음 맞는 봄,
봄꽃들이 지천에 피어나고
해녀들 휘파람소리 경쾌하지만
한라산 이마의 희끗희끗한 눈처럼
나는 아직도 겨울 속이다

아지랑이 가물거리는 것만이
봄은 아니다
두꺼운 외투 벗고 산뜻한 옷 갈아입는 것만이
봄은 아니다
봄은 보이는 것이 아니어서
봄은 내 마음 속에 있는 것이어서
외롭고 쓸쓸한 마음 정처없어
봄은 아득하다

오늘은 고향에서 소식이 왔다
한달음에 달려가 와락 껴안고 싶은 마음이
내 안의 그리운 정을 일깨운다
여전히 봄이 멀리 있는 까닭
내가 봄을 기다리고 있는 까닭이다.

春天

在我們國家最早迎來春天的
濟州，這是我第一次迎接的春天。
春花遍地盛開，
海女們的口哨聲輕快悅耳，
但就像漢拏山額頭上那斑白的積雪，
我依然身處在冬天裡。

陽光下閃爍的暖霧，
不就是春天；
脫下厚重外套，換上輕便衣裳，
也不全是春天。
春天不是眼睛看得見的東西，
春天住在我的心裡。
孤獨又寂寞的心無所歸依，
春天，遙不可及。

今天收到家鄉的消息，

那份想要奔跑過去、一把摟住的心情，

喚醒了我內心深處的思念之情。

春天仍然遙遠的理由，

正是我還在等待春天的緣故。

언니들

학교 앞 점방에서
한 무리의 참새 떼처럼 조잘대며 나와
가시내들이 손잡고
바람부는 언덕으로 날아갔다
언니들,
단발머리 요조숙녀인 나는
새침떼며 그 무리에 휩쓸려
포롱포롱 날아갔다

학교가는 일이 즐거워
아직 빈 운동장인
아무도 오지 않은 학교에 제일 먼저 도착했다
당번도 도착하지 않은
잠겨진 교실 문 앞에서
그 시절 쉽게 신지 못하는
예쁜 운동화 두 짝을 들고 서성이면

우리 동네 그 언니들
어느샌가 나타나
복도에서 한참을 떠들다 갔다

성적은 오르지 않아도
드센 성질머리들 쌈닭같아서
제 동생처럼 여기며 아껴준
언니들을 철딱서니 없이 따라다녔다
그 언니들
이제 어디서 늙어가나.

姐姐們

從學校前的小店裡
一群像麻雀般嘰嘰喳喳地走出來,
那些小姑娘們牽著手
朝著起風的山坡飛奔而去。
姐姐們,
剪著短髮、像個小淑女的我,
一臉拘謹地被那群人捲入,
也跟著飄啊飄地飛了起來。

上學的日子總是令人歡喜,
我總是第一個抵達
那還空無一人的操場。
值日生還沒到、
教室門也還沒開,
我就拎著那雙
當年難得穿上的漂亮球鞋,

在門口徘徊。
這時，咱們社區的那些姐姐們
不知從哪兒冒出來，
在走廊裡嘰嘰喳喳說上半天才離去。

雖然成績沒見起色，
但那些脾氣火爆得像母雞打架似的姐姐們，
卻總把我當成親妹妹一樣疼惜，
我也沒心沒肺地跟著她們跑。
那些姐姐們啊，
如今在哪裡漸漸老去了呢？

한라산

제 몸 감추지 않는다
제주도 어디에서도 비스듬히 누워 있는
여인,
그렇다고 요염하지도 않고
날씬하거나 뚱뚱하지도 않은
그 여인을 보며
김정희는 세한도를 그리고
이중섭은 게와 노는 아이들을 생각했으리라

며칠째 눈이 내리는데
며칠째 폭풍이 부는데
비행기도 뜨지 못하고
여객선도 부두에 묶여있는,
세상의 모든 길이 끊어진 바다에 누워
꼼짝하지 않은 버릇으로
섬이 되어 침묵한다.

漢拏山

她從不掩藏自己，
那斜斜地橫臥在濟州島各處的
女子，
卻既不妖嬈，
也不纖瘦或肥胖，
望著這樣的她，
金正喜或許畫下了《歲寒圖》，
李仲燮或許想起了與螃蟹嬉戲的孩童。

連日來，大雪紛飛，
連日來，暴風肆虐，
飛機無法起飛，
渡船也繫在碼頭動彈不得。
在通往世上一切道路都被切斷的大海中橫臥，
她依舊一動不動地
以成為一座島的姿態，
沉默著。

사라지는 것이 아니라 찢어지는 것

헌 책방에 갔다
내 시집『지독한 사랑』이 있어
펼쳐보다
누군가에게 사인해서 준 시집
이름 적힌 부분이 찢어져
누구에게 보낸 것인지 알 수 없다

오늘은 장례식에 다녀왔다
한동안 잘 지냈던 친구가 죽었다
영정사진 앞에 국화꽃을 바치고
잠시 생각에 잠겼다
언젠가는 나의 전화번호도 찢겨져 나갈 것이다
돌아오는 길에 죽은 친구의 이름을 찢었다.

不是消失，而是被撕裂

我去了舊書店，
看到我的詩集《極端的愛》。
翻開一看，
是曾經簽名送給某人的那本，
但寫有名字的那一頁被撕掉了，
已無法知道那本是送給誰的。

今天我參加了一場葬禮，
一位曾經交情不錯的朋友去世了。
我在遺照前獻上菊花，
沉思了一會兒。
總有一天，
我的電話號碼也會被撕去。
在回家的路上，
我撕掉了死去朋友的名字。

기러기

어린시절
저녁 무렵
기러기 떼 북쪽으로 날아가고
한참 뒤 어둠이 짙어올 때
길 잃은 기러기 한 마리
울면서 북쪽으로 날아갔네
깊은 밤이면
꿈결 속으로 날아와 끼욱끼욱 소리치며
내 품으로 파고드는 어린 기러기 한 마리
그런 날은 먼 길 떠난 아버지
여태 돌아오지 않았네

雁

童年時,
傍晚時分,
一群大雁向北飛去,
許久之後, 夜色漸深,
有一隻迷路的大雁,
一邊啼哭一邊往北飛去。
深夜時分,
牠飛進我的夢裡, 唧唧叫著,
鑽進我懷裡的那隻小雁,
那樣的夜裡, 遠行的父親
依然沒有回來。

광야에서

흐린 날이 있듯
나의 삶의 날씨에도
궂은 날이 있을 터
그러나 막상 사방에서 불어오는
단 한 번도 겪은 적 없는
비바람과 눈보라가
천지간에 앞을 가리느니
정신을 차릴 줄 모르는 날은
혼비백산하여 오래 쓰러졌다가
겨우 일어나 정신을 수습하였다
적이 강할수록 나는 아마존 여전사처럼 더 강해져
안개 낀 숲속을 용감하게 나아가곤 했지만
비바람과 눈보라가 물러갔어도
오늘은 아무것도 보이지 않는다
인생은 예측불가능한 험한 길이라는데
엄마 잃은 아이처럼

나는 광야에 혼자 서서

어디로 가야할 지 모른 채
한참을 서 있었다.

在曠野中

就像有陰天的日子，
我的人生氣象裡
也難免有惡劣的日子。
然而當四面八方忽然襲來的
從未經歷過的
風雨與暴雪
遮蔽了天地與前路，
讓我無法保持清醒的那些日子裡，
我曾魂飛魄散，長久倒下，
才好不容易爬起來，整理心神。
敵人越強，我便越像亞馬遜的女戰士，
勇敢地走進迷霧森林，
但即使風雨與暴雪已然退去，
如今的我卻什麼也看不見。
人生是一條無法預測的險路，
像失去母親的孩子那樣，

我孤身一人站在曠野之中,

不知該往何處去,
呆立了許久。

희경루(喜慶樓)에서

옛 어린이공원 자리
지척의 광주향교에서
학동들 천자문 읽는 소리
내려다보이는 광주천 강물에서
아낙네들 빨래방망이 소리
아이들 멱 감는 소리 들려올 것만 같다
유년에 이곳 공원에서 시소를 탔던가
하늘로 치솟을 때마다
이끼 낀 무등산이 지척이고
그 하늘에 어린 나를 닮은 새 한 마리 창공을 날았다
더 멀리, 더 높이 날고자 했던 꿈을 꿀 무렵
짓궂은 역사의 운명은
희경루 아래 건너다 보이는 금남로에
총칼을 든 군인들이 나타났다
아프고 상처 진 봄날이 지나고
다시 희경루 누각에서 바라보면

광주천 강물은 더욱 힘차게 흐르고
자애로운 무등산이 푸르게 되살아오는데,
이제는 기쁘고 잔칫날 같은 날만 올 것 같네.

在喜慶樓上

昔日的儿童公园旧址
从近在咫尺的光州乡校
似乎传来学童朗诵千字文的声响
从俯瞰到的光州川河水
仿佛听见妇女拍打衣物的棒槌声
也好像听见孩子们戏水洗澡的欢笑声
童年时我是否在这公园里玩过跷跷板
每当高高弹向天空
覆满苔藓的无等山近在眼前
那天空中一只像童年的我一样的小鸟飞越长空
正值做着飞得更远、更高之梦的年纪
调皮的历史命运却
在喜庆楼下隔着望见的锦南路
出现了荷枪实弹的士兵
经历了痛苦与创伤累累的春日之后
再次站在喜庆楼楼阁眺望

光州川的河水奔流得更加有力
慈爱的无等山重新披上翠绿
如今仿佛只剩下喜庆如宴的日子将要来临

李善美 散文·诗文集

超越偏见与理解

2025年 7月 30日 1刷
2025年 8月 10日 2刷

著　者 | 著　者 | 李善美
出版人 | 姜京镐
出版单位 | 诗与人出版社
登　记 | 1994年6月10日 第 05-01-0155 号
地　址 | 光州市东区杨林路 119 号街 21-1（鹤洞）
电　话 | (062) 224-5319
E-mail | jcapoet@hanmail.net

ISBN 978-89-5665-782-0　03810

定价 15,000 韩元

ⓒ 李善美，2025
本书版权归作者所有。
本作品受版权法保护，未经作者和出版社许可，严禁擅自转载和复制。